ちくま新書

保育園に通えない

――「無園児」という闇

可知悠子
Kachi Yuko

1490

保育園に通えない子どもたち――「無園児」という闇【目次】

はじめに　なぜ、「無園児」が問題になるのか

†「目黒女児虐待事件」に見る、無園児という問題

二〇一八年六月六日、衝撃的なニュースが社会を揺るがしました。
東京都目黒区で両親から虐待を受け、同年三月に死亡した船戸結愛《ゆあ》ちゃんが、亡くなる前に、母親に向けて悲痛な思いをノートに残していたことが報じられたのです。

「ママ　もうパパとママにいわれなくても　しっかりとじぶんから
きょうよりかもっと　あしたはできるようにするから
もうおねがいゆるして　ゆるしてください　おねがいします」

五歳の幼い子どもが覚えたてのひらがなで書いたメッセージ。義父から繰り返し殴られ、食事もろくに与えられず、地獄のような日々を送りながら、どのような想いで書いたので

しょうか。再び母親と幸せな日々を送りたいと願ったのでしょうか。

――ママ大好き。けして良い親とは言えない私を、親であるがゆえに無条件に愛してくれる二歳の息子の顔を思い浮かべながら、胸が苦しくなりました。

母親としての想いに揺れながらも、一歩引いた目線でニュースを見つめる私がいました。研究者としての私です。結愛ちゃんは保育園や幼稚園に通わず、周囲とのつながりをほとんど断たれていたといいます。

「やはり、そうだった」。心の中でつぶやきました。

この悲しいニュースが流れた頃、私は三～五歳で幼稚園や保育園に通っていない未就園児の研究を行っていました。その時すでに、虐待のリスクが高い家庭で、未就園児が多いことをデータから明らかにしていました。

未就園児は、地域社会とのつながりを断たれた「無縁」とかけて、「無園児」とも呼ばれています。無園児の名づけの親は、この本での対談相手にもなっていただいている駒崎弘樹さんです。駒崎さんは、病児保育や小規模保育などを手掛ける認定ＮＰＯ法人「フローレンス」の代表理事をされています。駒崎さんは、未就園児という言葉には、「行く予定だけどまだ行っていない」というニュアンスがある一方で、幼稚園や保育園に入れていない子どもたちは、さまざまな障壁によって「通う自由が奪われている」という状況にあると言います。的を射ているので、この本でもそのまま使わせていただくことにしました。

†無園児問題との出会い

私が無園児の存在を知ったのは、二〇一七年一〇月に開催されたフォーラムで、ある官僚の講演を聞いたのがきっかけです。そのフォーラムは、安倍総理が直前の九月二五日の会見において、「三～五歳の幼児教育を無償化する」と発表したのを受けて、急遽開催されたものでした。

講演の中で、無園児の統計が紹介されました。三～五歳の子どもの一割は保育園や幼稚園に通っておらず、成育状況すら確認されていないというのです。語り口はわかりやすく軽快なものでしたが、無償化から取り残されるこの子どもたちは誰なんだろうと、心配する気持ちがその官僚から伝わってきました。

――保育園や幼稚園に入っていないのは誰だろう？　私は心がざわざわと揺れているのを感じました。家庭で適切に養育されていれば問題はないでしょう。でも、無園児の中には、ほうっておけない子どもがいる気がしてなりませんでした。この時、ほうっておけない無園児のイメージとして浮かんでいたのは、虐待を受けている子どもたちでした。

無園児をほうっておけないと直観したのはなぜか。一つは子どもの貧困の研究を通じて、貧困状態にある人は、行政や地域の支援からこぼれがちであることを知っていたからです。例えば、乳幼児健診の未受診率は、貧困の家庭や、虐待のリスクが高い家庭で高いことが知られています。自治体に実施が義務づけられている一歳六カ月健診と三歳児健診の受診率は、全体では九割を超えるのに、虐待で死亡した子どもでの受診率は五～八割程度です。

乳幼児健診では、九割以上の子どもが受診しているからこそ、未受診にはそれなりの理由があり、全員の無事を把握することが重要だと言われています。幼稚園や保育園への就園率も、九割を超えるからこそ、通わせていない家庭には、それなりの理由があるはずなのです。無園児をほうっておけないと直観したもう一つの理由は、私は自身で育児をしながら、子育て支援が不十分だと感じてきたからです。

†待機児童問題を通じて痛感した子育て支援不足

私が自身で経験し、子育て支援不足を痛感した、「待機児童問題」の話をします。

待機児童とは、認可保育所への入園を希望しているのに、空きがなくて入れない子どものことです。政府は「待機児童を二〇二〇年末までにゼロ」を目指しているものの、いまだ実現の兆しは見えていません。ちなみに、保育所は保育園の正式名称です。以降は、正式名称を使う必要性がない場合は保育園と呼ぶことにします。

本来、認可保育園は「空き」さえあれば一年中入園できますが、待機児童が多い都市部では、新年度の四月以外に入園できる可能性がほとんどないため、四月入園に申請が集中します。一歳児クラスは育休明けの人たちが集中するのと、〇歳児クラスから在園している子が進級して定員が埋まりやすいため、入園は激戦となります。

そこで、育休を一年取れるのに途中で切り上げて、〇歳児から入園を希望する親もいます。〝保活〟を入念に行い、最大限の努力をしても、保育園に入れるかどうかは運に左右されます。努力の効果が小さいという点で、大学入試よりも厳しいと言えます。

　私は二〇一六年一月末に、第一子を出産しました。一三年に結婚した際に、都内で待機児童の少ない区に引っ越しました。私が妊娠前から保育園を意識していたのは、女性が研究者になるという夢を叶え、妊娠・出産後も続けていくのは、いまだにハードルが高いからです。しかし、私が住んだ地域はたまたまその区の中で待機児童が最も多い地域でした。同じ市区町村の中で地域差があることまでは、さすがにわからなかったのです。

　〇歳児四月入園を確実に果たすために、妊娠発覚直後から保活に励みました。運よく入園が決まったものの、保育園は家から徒歩とバスで四五分もかかる場所にありました。子どもにとって負担ではないかと悩みました。産後二カ月での職場復帰と、毎日片道四五分の通園で、私は衰弱していきました。

　区に転園届を出し続けましたが、転職で他県に引っ越すまでの二年間、転園は叶いませんでした。医学部の女性教員の多くは、産後半年足らずで職場に復帰しますので、私のようなケースは業界的には珍しくありません。もともとそれなりの苦労は覚悟していたとはいえ、こんな状況は何かおかしい……。

　おかしいと思う人は他にもいました。二〇一六年二月、「はてな匿名ダイアリー」に寄せられた「保育園落ちた日本死ね!!」と題した投稿が、大きな反響を呼びました。保育園に入れなかった憤りをつづり、保育園を増やすよう求める内容で、ネット上には同じ境遇の人たちから共感の声が相次ぎました。にもかかわらず、国会議員の多くは、待機を余儀なくされて苦しむ親の気持ちを全く理解していなかったのです。国会審議で野党議員がこのブログを取りあげると、与党席からは「誰が書いたんだよ」「本人を出せ」などと無神経なヤジが飛んだため、保育園に落ちた当事者らの怒りに火をつけ、国会前での抗議行動にまで発展しました。

†社会で子育てする文化が醸成していない

三〇年以上続く待機児童問題がいまだ解消しないのは、こうした政治家の問題意識の低さも大きく影響していますが、根本には、「子育ては親（特に、母親）がするもの」という価値観が根付いているからだと思います。日本は「社会で子育て」という文化が醸成していません。

個別には、子どもや親にやさしいまなざしを向けてくれる人はたくさんいます。私自身、イヤイヤ期の息子が路上で駄々をこねている時に、通りすがりのおばあちゃんに「あらあら、お母さんは大変ね」と声をかけてもらい、息子と一緒に号泣した経験があります。一方、住民説明会などの公の場所で、保育所や児童相談所の建設計画に反対の声が上がる現状には、日本は子どもに冷たい国だなと感じざるをえません。

今は、夫や親族の協力を得られず、周囲に頼る人がいない中で、母親が孤立した状態で子どもを育てる「孤育て」が問題とされる時代です。以前とは子育て環境が変わっているのに、価値観が「子育ては母親がするもの」のままでは、子育て支援に予算が回りにくいのは当然です。

子育てはたとえ幸せに満ち溢れていても、大変なのがデフォルトです。命を守る責任が重い仕事なのだから、親には強いプレッシャーがかかります。乳児期、幼児期、学童期、思春期……と子どもや子育ての課題はめまぐるしく変わっていき、親もそれに合わせて悩みながら対応していきます。子育てをしていると、これまで親たちはこんな高度な仕事をしてきたんだな、もっとその価値が理解されると良いなとつくづく思います。

一方で、支援不足の中、子育てでつまずく人が出てきて当然だとも思います。私自身は、遠方とはいえ、保育園に入ることができ、保育士さんからの手厚いサポートを受けることができました。私と夫の両親は遠方に住んでいるため日常的に頼ることはできませんが、夫とは家事や育児を半々で分担できています。夫婦ともに有期雇用なのでいつ無職になるかわかりませんが、そこそこの収入があります。これまでの仕事経験から、多少の困難は乗り越えていける自信もあります。

でも、何かが欠けていたら？　毎日、ワンオペだったら？　お金の心配があったら？　若くて、経験が少なかったら？　私は、虐待を他人ごととは思えませんでした。

†なぜ本を書くことにしたのか

こうした想いから、無園児の背景を探るため、国立成育医療研究センターの加藤承彦室長（幼児教育学、社会疫学）と、米ハーバード大学公衆衛生大学院のカワチ・イチロー教授（社会疫学）とともに、全国四万人の子どものデータを使って研究を始めました。実は、加藤室長も私が無園児問題と出会ったフォーラムにたまたま参加しており、会場で「無園児って誰なんだろうね」と語り合ったことをきっかけに、共同研究に至りました。

正直、研究するかどうかは、かなり迷いました。私は保育政策については全くの素人だからです。でも、日本の過去の研究を探しても、無園児を調べた調査は見当たらず、保育の有識者や自治体の担当者に尋ねても、明確な答えは返ってこず、自分がやるしかないと覚悟を決めました。

研究を始めて一年と少し経った二〇一九年三月二七日、無事に研究成果をプレスリリースすることができました。この時すでに、「幼児教育・保育の無償化」を実現するための子ども・子育て支援法改正案が、衆院本会議で議論されていました。私たちの研究は、参院本会議で多数の与野党議員から取り上げられ、二〇一九年四月二五日、宮腰光寛少子化相より、「無園児については各省庁で連携して研究する」方針が示されました。

国会レベルで、無園児は対応すべき問題と認識していただけました。しかし、具体的な支援策の議論はこれからです。より多くの人々に無園児の問題を知っていただき、議論を深めていただくために、この本を書くことにしました。

†本書の構成

第一章では、私たちが行った無園児の研究を紹介します。その上で、なぜ無園児への支援が必要なのか、幼稚園や保育園などの幼児教育にはどのような意義があるのかを、国内外のエビデンスをまじえながら論じます。

第二章では、「無園児」家庭の実態を具体的にイメージしていただくために、幼稚園や保育園への入園を断られた家庭や支援団体を取材した内容をお伝えします。特に幼児教育の必要性を感じていない無園児家庭にアクセスすることは非常に難しく、取材には限界があったことをお含みおきください。

第三章では、官民が、それぞれできることを考えてみます。ここでの議論は、無園児にかかわらず、さまざまな社会的弱者の問題に応用できる内容となっています。

最後に、「三歳以降の幼児教育を義務化すべきか」を、駒崎弘樹さんとの対談を通じて考えてみます。実は、駒崎さんが私たちの研究をブログで紹介してくださった時に、幼児教育無償化まで行ったのならば、「義務化」に歩を進めるべきだと主張されて、SNS上で物議をかもしました。義務化の是非についてご関心のある方が多いと感じましたし、今後の幼児教育の位置づけを考える上で大事な課題だと思いましたので、駒崎さんとの対話を試みることにしました。

第一章

「無園児」は、さまざまな問題を解く鍵になる

(1) どのような子どもが無園児なのか

†日本では九・五万人が無園児と推計

皆さんは、小学校に入る前に、保育園や幼稚園に通っていましたか？　母親が働いていて保育園に通っていたという方もいるでしょうし、母親が専業主婦で幼稚園に通っていたという方もいるでしょう。年配の方からは、家族や地域の人に育てられたという声もよく聞きます。

現在では、幼児の多くが保育園や幼稚園に通っています。就園児は三歳以上で全体の九割を超えます。国の二〇一八年度の推計によると（図1-1）、**全国で保育園や幼稚園に通っていない「無園児（推計未就園児）」の割合は、三歳児で五・二％（五・一万人）、四歳児で二・七％（二・七万人）、五歳児で一・七％（一・七万人）でした。三歳から五歳まで合**

図1-1　保育園と幼稚園の年齢別利用者数と割合（2018年度）

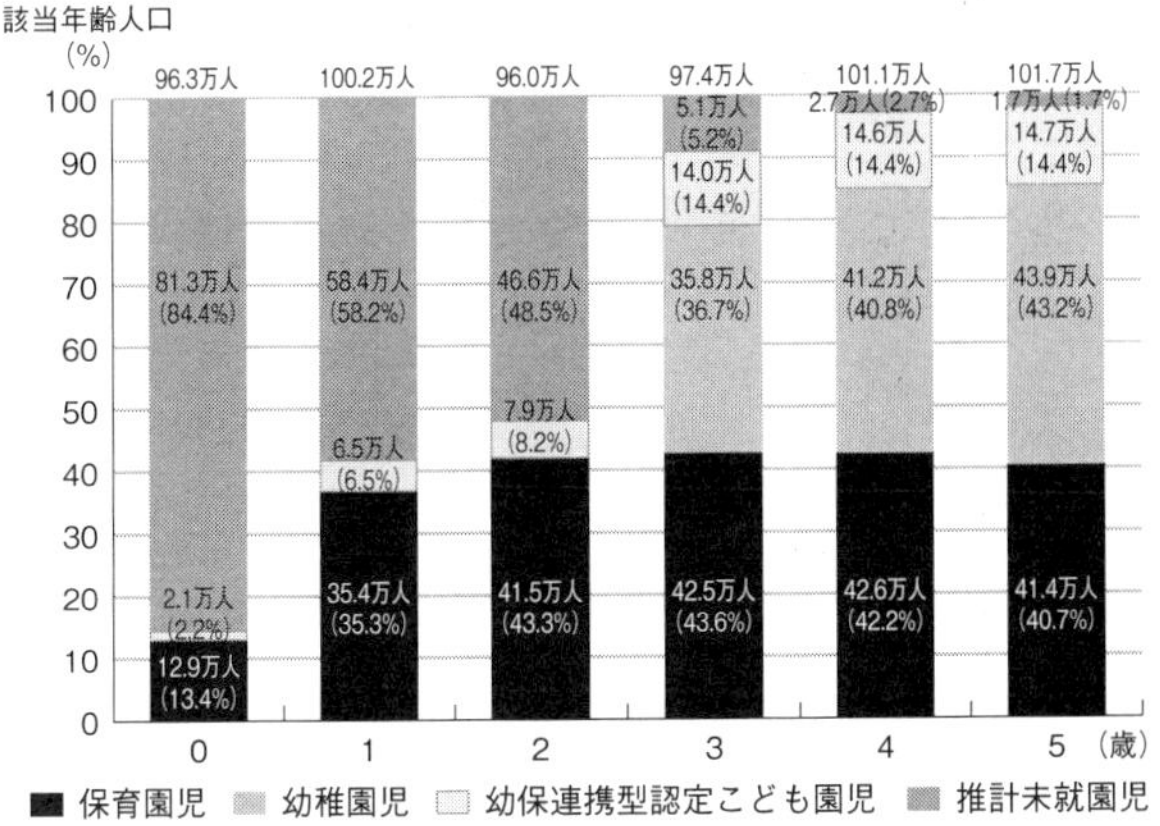

出典：内閣府「幼児教育の無償化に係る参考資料　平成30年12月28日」
https://www8.cao.go.jp/shoushi/shinseido/outline/pdf/free_ed/child_sanko. pdf

わせると、およそ九・五万人もの子どもが、保育園にも幼稚園にも通っていませんでした。

この無園児数は、該当年齢で推計される人口から、「幼稚園」、「保育園」、「認定こども園」に在籍している子どもの数を差し引いて推計したものです。無園児をカウントして求めた実数ではないことや、公的統計調査の対象となっていない「認可外保育施設」や「幼稚園類似施設」に通う子どもが無園児に含まれていることに留意してください。

では、どのような背景を持った子どもたちが保育園や幼稚園に通っていないのでしょうか？　その話に入る前に、幼児教育にはどのような選択肢があって、保護者はどのようなプロセスで幼児教育を選ぶのかを、大まかにつかんでおきたいと思います。

†幼児教育の多様な選択肢

幼児教育とは、文字通り、小学校に入る前の幼児に対する教育のことです。教育といっても、小学校のように教科書を使った学びではなく、自主的な遊びや活動を通じた学びのことです。ひと昔前は、幼児教育が受けられる施設は、保育園か幼稚園でしたが、今はライフスタイルが多様になっていますから、それに合わせて施設も多様になっています。本書の趣旨と合わせて、三歳以上が使える施設をご紹介しましょう。

幼児教育施設は、自治体が認可した施設と、していない施設に大きく分けられます。認可施設には、「幼稚園」、「認可保育所」、「認定こども園」の三つがあり（表1‐1）、それぞれ公立と私立があります。

「幼稚園」は、文部科学省が管轄する「学校」です。満三歳から小学校就学前までの子どもが通うことができます。利用できる保護者に制限はありません。幼稚園には、三歳から入園する三年保育と四歳から入園する二年保育があります。

表1-1　主な幼児教育施設

	幼稚園	認可保育所	認定こども園
施設の種類	教育施設	児童福祉施設	幼保一体施設
対象年齢	満3歳～就学前	0歳～就学前	0歳～就学前
利用できる保護者	制限なし	就労、介護、病気等の理由で保育を必要とする保護者	0歳～2歳：保育所と同じ 3歳～5歳：幼稚園と同じ
利用時間	原則4時間 園により預り保育を実施	原則8-11時間 園により延長保育を実施	原則4-11時間 園により延長保育を実施
保育料	所得に応じて自治体が設定※1	所得に応じて自治体が設定	所得に応じて自治体が設定
所管	文部科学省	厚生労働省	内閣府
根拠法令	学校教育法	児童福祉法	認定こども園法※2

※1子ども・子育て支援新制度に移行しない私立幼稚園は園が保育料を決定する。
※2就学前の子どもに関する教育、保育等の総合的な提供の推進に関する法律。

「認可保育所」は、厚生労働省が管轄する「児童福祉施設」です。〇歳から小学校就学前までの子どもが通うことができます。仕事や病気などで、家庭での保育が難しい保護者に代わって、保育する施設です。

「認定こども園」は、内閣府が管轄する、幼稚園と保育園の両方の機能を備えた施設です。〇歳から小学校就学前までの子どもが通うことができます。幼稚園のようにお昼すぎで帰る子どもと、保育園のように午後まで保育を受ける子どもが一緒にすごす施設です。

認可外施設には、「認可外保育施設」や「幼稚園類似施設」があります。これらは基本的に自治体から公的な助成を受けていません。「認可外保育施設」の中には、地方単独保育事業（例：東京都の「認証保育所」）や企業主導型保育施設のように、自治体や国から助成を受けている施設もあります。

†保護者による幼児教育の選択

こうした多様な選択肢の中から、保護者はどのように幼児教育施設を選ぶのでしょうか。ここでは、教育や保育の質はひとまず横に置いて、考えてみます。

二〇一五年にスタートした「子ども・子育て支援新制度」（以下、新制度）により、認可施設を利用するためには、保護者が自治体に申請し、利用の認定を受ける必要があります。「保育の必要性の事由」があるかどうかで、一号（幼稚園、認定こども園）、二号（認可保育所、認定こども園）など、認定区分が違います（図1-2、表1-2）。保護者は認定を受けたぶんだけの保育を利用することができます。

保護者の選択は、働いているかどうかに大きく左右されます。片働きで、病気や介護など、保育を必要とする理由が特になければ、幼稚園を選択することになります。共働きやひとり親で働いている場合は、認可保育所か認定こども園ですが、幼稚園も選択することができます。現在では幼稚園の八割以上が、午後や夏休みに預かり保育を実施しています

表1-2　保育を必要とする事由

①就労（フルタイムの他、パートタイム、夜間、居宅内の労働など）
②妊娠、出産
③保護者の疾病、障害
④同居又は長期入院等している親族の介護・看護
⑤災害復旧
⑥求職活動（起業準備を含む）
⑦就学（職業訓練校等における職業訓練を含む）
⑧虐待やＤＶのおそれがあること
⑨育児休業取得中に、既に保育を利用している子どもがいて継続利用が必要であること
⑩その他、上記に類する状態として市町村が認める場合

出典：内閣府・文部科学省・厚生労働省「子ども・子育て支援新制度 なるほどBOOK」（平成28年4月改訂版）

ので、共働きやひとり親で働いている家庭でも、幼稚園を希望する家庭が増えています。

入園の申し込みは、一号認定の場合は園に直接行います。二号認定の場合は、自治体が入園の選考（利用調整）を行い、利用希望者が多い場合には、保育の必要性がより高い人から優先されます。選考で漏れてしまった場合には、残念ですが、待機児童となります。厚生労働省の報告によると、二〇一八年四月一日時点での待機児童のうち、三歳以上が占める割合は一一％です。〇～二歳ほど深刻ではありませんが、三歳以上でも待機児童になる可能性は十分にあります。待機児童になった場合には、認可

図1-2　3～5歳における幼児教育施設の選択

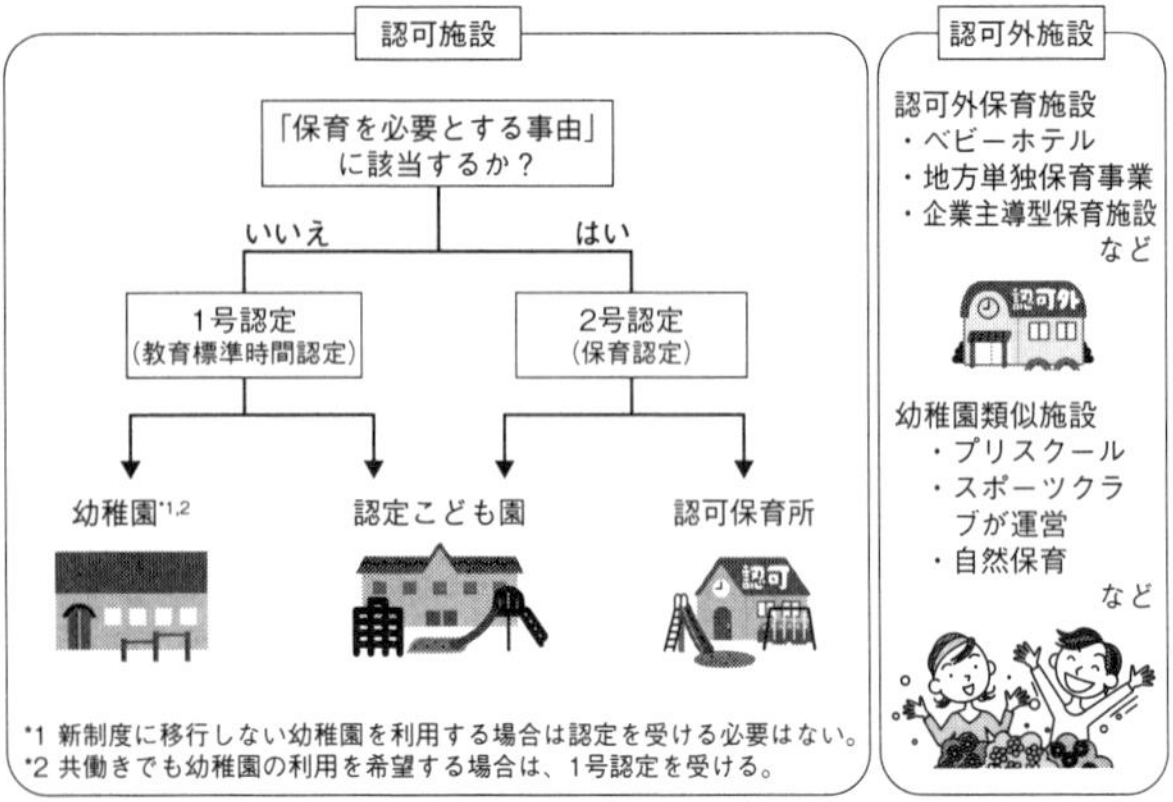

出典：内閣府・文部科学省・厚生労働省「子ども・子育て支援新制度 なるほどBOOK(平成28年4月改訂版)」を参考に著者作成

外施設や預り保育のある幼稚園を選ぶことになるでしょう。

認可施設が、自分たちのニーズやライフスタイルに合っていないと考える保護者の中には、あえて認可外施設を選ぶ方もいます。公的な統計はないものの、九割の家庭は認可施設を選択していますので（図1‐1）、こうした選択を行う家庭はごく少数でしょう。

ここまでは親が幼児教育を選択する意志があり、かつ、選択できている場合のお話でした。そもそも、幼児教育施設に通わせる意志がない家庭や、通わせたくても何らかの障壁があって通わせられない家庭もあるでしょう。それは、どのような家庭なのでしょうか。

†全国四万人を対象とした研究

前置きが長くなりましたが、私が仲間とともに行った無園児の研究について詳しく見ていきましょう。厚生労働省が全国規模で実施している「二一世紀出生児縦断調査」に参加した二〇〇一年生まれの子ども一万七〇一九人と、二〇一〇年生まれの子ども二万四三三三人を対象に、無園児の割合を調べてみました(1)。

私たちの研究では、保育園や幼稚園を認可・認可外で区別せず、認可外保育施設や幼稚園類似施設も含め、どの施設にも通っていない子どもたちを「無園児」と定義しました。また、二〇〇一年生まれについては三、四歳、二〇一〇年生まれについては三歳時点での無園児を調べました。二〇〇一年生まれの五歳や二〇一〇年生まれの四、五歳の無園児の状況については、私たちが研究を始めた時期に、厚生労働省からデータが公開されておらず、分析できませんでした。

また、私たちが「二一世紀出生児縦断調査」を使用したのは、無園児の状況を詳しく把握できる唯一の大規模な追跡調査だったからです。「大規模である」というのは、無園児のように発生頻度が少ない現象を、統計的に捉えるために不可欠な要素です。対象者の数が多いからこそ、その多様な背景を捉えることができるのです。

しかも、初回調査の回答率が八八％と、一般的な調査が三〇～五〇％程度なのに比べてかなり高く、対象者の選択における偏りが少ないという点でも魅力的でした。それでも、二一世紀出生児縦断調査には、他の疫学調査と同様の欠点があり、低所得などの社会的不利を抱えた家庭ほど、毎年の追跡調査のたびに抜け落ちていきます。そのため、残念ながらこの調査は、最も困難を抱えた層を捉えられていないと考えられます。

さて、結果はどうなったでしょうか。**〇一年生まれの三、四歳での無園児の割合は、それぞれ一八％、五％でした**。一〇年生まれの三歳での無園児の割合は、八％でした。三歳時点での無園児の割合が高いのは、幼稚園には三歳から入園する三年保育と四歳から入園する二年保育があり、四歳で幼稚園に入園するのを待っているケースが含まれるからです。

次に、どのような家庭の子どもにおいて、無園児が多いかを分析しました。家庭の状況は、一年間の世帯所得ときょうだいの数については生後六カ月の時に、親の国籍については生まれた時に調べたものです。世帯所得は、対象者を世帯所得で均等に五つのグループに分け、少ない方から、「最も低所得」、「低所得」、「中所得」、「高所得」、「最も高所得」としました。

予想通り、**低所得、多子、外国籍など社会経済的に不利な家庭で無園児が多い傾向が見られました**（図1-3、(A)〜(C)）。この傾向は〇一年、一〇年生まれの子どもの両方で一貫して見られました。例えば、〇一年生まれの四歳では、次のような関連がありました。

どのような家庭で無園児が多いのか？

（A）最も高所得の世帯（平均年一〇〇七万円）と比較した場合、最も低所得の世帯（平均年二四一万円）では、無園児になる可能性が一・五四倍高い。

（B）きょうだいがいない一人っ子と比べて、本人以外に三人以上いる場合では、無園児になる可能性が一・九二倍高い。

（C）親が日本国籍と比べて、両親のどちらかが外国籍の場合では、無園児になる可能性が一・四八倍高い。

どのような健康・発達状態の子どもにおいて、無園児が多いかも分析しました。出生週数は生まれた時、先天性疾患の有無は一歳六カ月時点、発達の遅れは二歳六カ月時点で調べたものです。

発達の遅れは、親が子どもについて、次の六項目のうち一項目以上できないと回答した場合に、「あり」と定義しました。これらは、母子手帳の一歳六カ月児健診や三歳児健診の欄にも載っている項目で、二歳半では九割近くの子どもができる内容です。

①ひとりで上手に歩くことができる
②走ることができる
③ひとりで歩いて階段をのぼることができる
④「ママ」、「ブーブー」など意味のある言葉を言う
⑤二語文を言う
⑥自分の名前が言える

研究を始めた当初は予想していなかったのですが、**妊娠三七週未満で生まれた早産児や先天性疾患を抱えている子ども、発達の遅れがある子どもも、無園児になりやすい傾向がみられました**（図1-3、(D)〜(F)）。

図1-3　社会的不利や健康・発達の問題が未就園児であることと関連

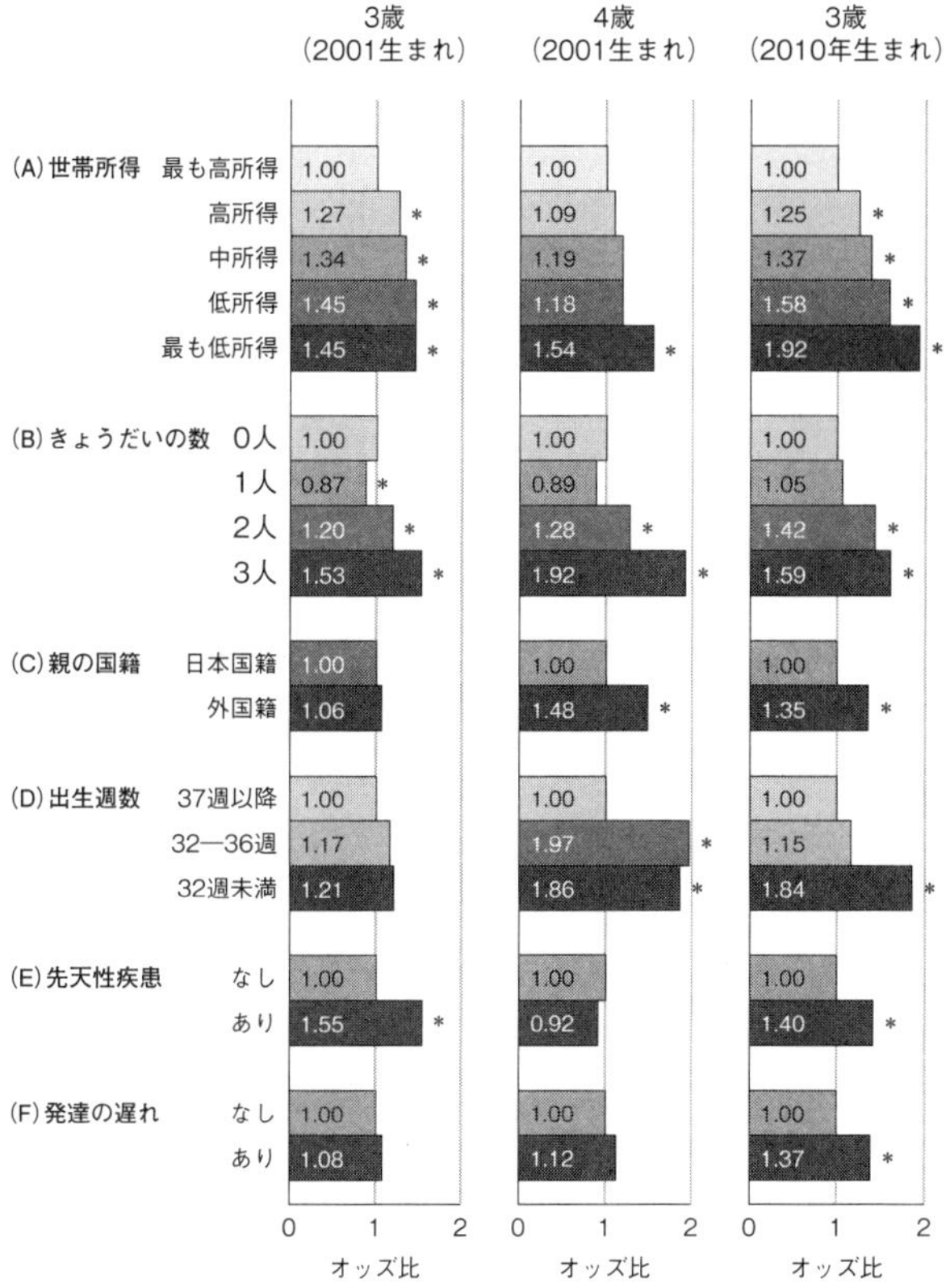

注：* 基準群（オッズ比が 1）と比べて、統計的に有意な違いがあることを示している。
オッズ比は、曝露とアウトカムの関連の強さの指標。本研究では、曝露は社会経済的状況と子どもの健康・発達、アウトカムは未就園かどうかである。オッズ比の値が 1 を超える場合、基準群と比べて、評価項目が発生する可能性（オッズ）が高いことを意味する。ここでのオッズ比は、親の要因（世帯所得、母親の教育歴、母親の就労状況、世帯構造、親の国籍、育児不安）、子の要因（性別、きょうだいの数、出生週数、先天性疾患、発達の遅れ）、環境要因（都市の規模、地域）を調整した値を示している。
出典：Kachi et al.（2019）より作成

どのような健康・発達状態の子どもで無園児が多いのか？

（D）二〇〇一年生まれの四歳では、出生週数が三七週以降の正期産と比較して、三七週未満の早産では、無園児になる可能性が一・九七倍高い。

（E）二〇〇一年と二〇一〇年生まれの三歳では、先天性疾患がない場合と比べ、ある場合では無園児になる可能性がそれぞれ一・五五倍、一・四〇倍高い。

（F）二〇一〇年生まれの三歳では、二歳六カ月時点で発達の遅れがない場合と比べ、ある場合では無園児になる可能性が一〇・三七倍高い。

さらに、一〇年生まれの三歳への調査では、保育園や幼稚園を利用していない理由を親に尋ねているため、家庭の状況別に分析しました（図1-4）。回答オプションは以下の五つがあり、②を「お金」、③、④を合わせて「アクセス」と定義しました。

①必要がない
②利用したい保育サービスはあるが、経済的理由により利用できない……「お金」
③利用したい保育サービスに空きがない……「アクセス」

図1-4　3歳（2010年生まれ）で無園児となっている理由

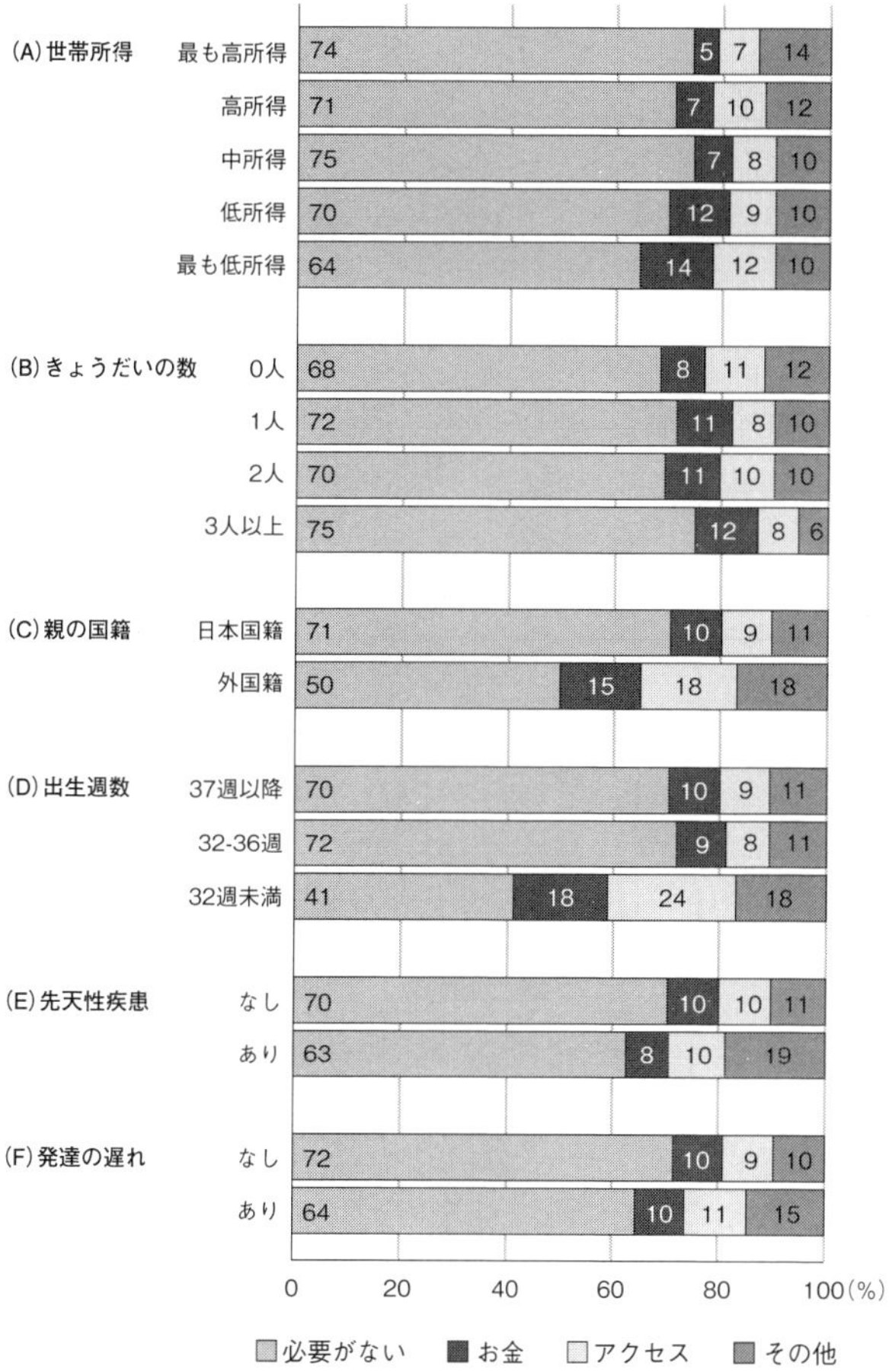

出典：Kachi et al.（2019）より作成

④利用したい保育サービスはあるが、居住地域にない……「アクセス」

⑤その他

全体を眺めると、「必要がない」という回答が約七割と多くを占めました。これには、三歳時点では、四歳からの入園を待っている家庭があることも影響しているでしょう。しかし、無園児になりやすい家庭では、なりにくい家庭と比べ、「必要がない」という回答の割合が少ない傾向にありました。例えば、世帯所得が「最も高所得」では必要がないが七四％でしたが、「最も低所得」では六四％でした。例外的に、無園児になりやすいきょうだいの数が「三人以上」については、「〇人（一人っ子）」と比べて、「必要がない」という理由が多くなっていました。

「必要がない」以外の回答を見てみると、（A）世帯所得が「最も低所得」や（C）親の国籍が外国籍、（D）出生週数が三二週未満の早産の場合では、「お金」や「アクセス」が利用していない理由として多く挙げられていました。また、（C）親の国籍が外国籍、（D）出生週数が三二週未満の早産、（E）先天性疾患あり、（F）発達の遅れがありの場合では、お金でもアクセスでもない、「その他」の理由が多い傾向にありました。

†なぜ無園児になりやすいのか

私たちの研究では、どういう背景を持った子どもが無園児になりやすいかを把握することはできましたが、その理由については大まかにしか調べることができませんでした。しかし、もっと踏み込んで理由を考えることが、今後の無園児の調査や対策のヒントになると思います。自治体や支援団体、当事者へのインタビューから得た情報も踏まえ、私なりの考察を試みたいと思います。

認可施設の保育料は世帯年収に応じて決まるため、低所得世帯はほぼ無料で利用できます。表1-3は国が定めた利用者負担の上限額ですが、一号認定も、二号認定も、生活保護世帯や住民税非課税のひとり親世帯の保育料は無料になっています。しかも、自治体の多くは、公費を上乗せし、保育料を上限額よりもかなり低く設定しています。

それなのに、低所得世帯の子どもが無園児になりやすいのはなぜでしょうか？　おそらく、単純にお金の問題ではないのでしょう。まず、**母親が就労しておらず、近くに公立幼稚園がないということが考えられます**。幼稚園は私立が多く、二〇一八年時点で全園児数の八割を占めるため、地域によっては公立幼稚園が選択肢にない場合があります。

表1-3　国が定める利用者負担の上限額の基準（月額）

1号認定（教育標準時間認定）階層区分	利用者負担
①生活保護世帯	0円
②市町村民税非課税世帯	3000円
③所得割課税額77,100円以下	16,100円
④所得割課税額211,200円以下	20,500円
⑤所得割課税額211,201円以上	25,700円

※給付単価を限度とする。
ひとり親世帯等、在宅障害児(者)のいる世帯、その他の世帯（生活保護法に定める要保護者等特に困窮していると市町村の長が認めた世帯）の子どもについては、第2階層は0円、第3階層は上記額より1,000円減となります。

2号認定（保育認定）階層区分	利用者負担 保育標準時間	利用者負担 保育短時間
①生活保護世帯	0円	0円
②市町村民税非課税世帯	6000円	6000円
③所得割課税額48,600円未満	16,500円	16,300円
④所得割課税額97,000円未満	27,000円	26,600円
⑤所得割課税額169,000円未満	41,500円	40,900円
⑥所得割課税額301,000円未満	58,000円	57,100円
⑦所得割課税額397,000円未満	77,000円	75,800円
⑧所得割課税額397,000円以上	101,000円	99,400円

出典：内閣府・文部科学省・厚生労働省「子ども・子育て支援新制度ハンドブック（施設・事業者向け）」（平成27年7月改訂版）を参考に著者作成

なぜ近くに公立幼稚園がないと、無園児になりやすいと考えられるのでしょうか。少し複雑なのですが、私立幼稚園の中には新制度に移行せずに、従来からの私学助成を受けて運営にあたっている園があります。

内閣府によれば、二〇一八年四月一日現在、私立幼稚園全体の五八％が新制度に移行していません。この場合、園が独自に保育料を設定しています。文部科学省「平成二八年度子供の学習費調査」によれば、私立幼稚園の月額保育料（約四万円）は、公立幼稚園（約二万円）の約二倍です。月四万円の保育料というと、年収が四〇〇万円以下の家庭では家計の一割以上を占めるわけですから、支払うのは大変でしょう。

新制度に移行していない私立幼稚園を利用する家庭を対象に、所得に応じて保育料の一部を補助する「就園奨励費補助制度」があります。この制度を使えば、生活保護世帯や年収約二七〇万円未満の世帯は、ほぼ無料で幼稚園に通わせることができます。しかし、この制度の利用には申請が必要ですし、補助金は「後払い」です。保育料を前もって支払うことが難しい家庭もあるでしょう。

また、**保育料以外の費用が負担になっていることも考えられます**。新制度に移行した園でも、自治体が決めた保育料の他に、通園バス代、給食費、教材費、行事費などを保護者から直接集めることが可能です。こうした費用は園によってばらつきがあり、年間一〇万円以上かかる園もあります。そこで、低所得世帯に対して、利用料以外の費用を補助する自治体もあります(2)。

さらに、**親がメンタルヘルスの問題を抱え、入園手続きや通園ができないケースも考えられます**。ここまで読んでいただいた方は気づいていると思いますが、幼児教育の制度はとても複雑です。制度の利用には申請が必要で、就労証明書など、複数の書類をそろえなければなりません。これは健康な親でも、大変骨の折れる作業です。メンタルヘルスの問題を抱えた親が、制度を知り、理解し、複雑な申請の手続きを行うことは困難でしょう。

子どもの多い世帯では年の離れた兄や姉が面倒を見ていて、両親が就園の必要性を感じていない可能性があります。これは、前述の通り、きょうだいの数が「三人以上」の家庭では、保育園や幼稚園を利用しない理由として、「必要がない」の割合が多くなっていたことに裏付けられます。また、新制度では、子どもが多い世帯に対して、第二子の保育料を半額に、第三子以降を無償としているものの、経済的負担から無園児になっている可能性もあります。

早産や先天性疾患により、経管栄養やたんの吸引などの医療的ケアが必要な子どもの場合は、看護師がいる保育園や障害児向け保育園が家の近くになければ就園することはできません。こうした状況が、前述の「早産だと『アクセス』を理由に保育園や幼稚園を利用できない」という回答に反映されていると考えられます。

早産や先天性疾患は、生後の発達の遅れにつながりやすいと言われているため、発達の遅れによって無園児になっている可能性もあります。また、**自閉症スペクトラム障害（ASD）や注意欠陥・多動性障害（ADHD）、学習障害（LD）などの発達障害があると、入園を断られたり、途中で退園に追い込まれたりすることがあります。**さらに、子どもの医療的ケアや発達の遅れが原因で、たとえ（主に）父親の所得が少なくても、（主に）母親

は働きたくても働けず、低所得状態を余儀なくされている家庭もあると考えられます。(3)

新制度に移行した幼稚園や保育園は、正当な理由がある場合を除き、入園を拒否できない「応諾義務」を負っています。しかし、実際には予算や保育士の不足により、自治体が「加配の先生」（障害児の支援のために追加で配置される先生）を確保できず、障害児を受け入れられないことがあるようです。また、新制度に移行していない私立幼稚園は、「建学の精神」に基づき幼児を選考するため、園の方針により障害児の入園を断ることがあります。

親（特に母親）が外国籍の場合は、親が言葉の壁により入園手続きをできないケースや、親の雇用が不安定で、保育園への入園で不利になるケースもあります。子どもに教育の機会を確保できないばかりか、親自身が地域社会や行政サービスとつながりを持てずに孤立し、ネグレクト（育児放棄）状態に陥ってしまう家庭もあります。

なお、浜松市が二〇一七年に、外国籍の子どもの就園状況を調査しており、年長クラスの年齢の子どものうち一一％が無園児であり、その七割で日本語の語彙力不足が認められました。また、親が通わせていない理由として、「お金が払えない」、「何処に通わせていいか、どうやって申し込むのかわからない」、「あずかってくれる人がいる」、「空きがなか

表1-4　OECD諸国の幼児教育への在籍率の国際比較

	0-2歳	3歳	4歳	5歳
オーストラリア	39.4	69.5	90.5	100.0
カナダ	—	—	—	95.0
デンマーク	58.5	97.0	98.0	98.9
フィンランド	27.7	68.4	74.5	78.8
フランス	52.3	99.4	100.0	100.2
ドイツ	37.2	93.3	96.7	98.1
イタリア	29.5	92.1	95.8	96.7
日本	22.5	79.8	94.3	96.9
ニュージーランド	42.0	89.4	94.3	97.4
ノルウェー	55.1	95.5	97.0	97.5
スウェーデン	46.6	94.1	95.3	96.6
英国	34.4	100.0	100.0	98.1
アメリカ合衆国	—	42.6	66.2	91.0

注：幼児教育サービスの種類は国によって異なる。ニュージーランド、英国の5歳については小学校への在籍を含む。
出典：OECD「Family Database」

った」が挙げられていました(4)。

このように**無園児になる背景には、社会の中で最も声が小さい人たちが抱える問題が凝縮していると考えられます**。また、単一の理由というよりも、低所得、多子、外国籍などの複数の不利が重なって、無園児になっていると考えられます。その中には、就園を望んでいるのに障壁によって入れない家庭もあれば、就園の必要性すら感じず、ネグレクトの一形態として無園児にさせている家庭もあるだろうと推察されます。

†他の先進国での無園児の状況

他の先進国での、無園児の状況はどうなっているのでしょうか。表1-4は、二〇

表1-5　先進諸国における無園児の研究（3-5歳を含む）

番号	調査国	調査年	年齢	無園児の家庭要因
①	アメリカ合衆国	2001～2005	10カ月、2歳、4歳	低所得、母親の低学歴、母親の非就労、多子、二人親、など
②	カナダ	1997～2003	5カ月～4歳	母親の低学歴、母親の非就労、低年齢の母親、多子、過保護な養育態度、刺激の少ない家庭環境
③	オーストラリア	2009、2012	4歳	社会・経済的に不利な地域に居住、英語を母語としない家庭、先住民族の家庭
④	ノルウェー	2010	1-5歳	低所得、両親または片親が非就労、親の低学歴、移民

出典：①Coley et al. (2014)　②Geoffroy et al. (2012)　③O'Connor et al. (2016)、④Moafi & Bjørkli (2011)

一五年時点における各国の幼児教育施設への在籍率を示しています。海外では日本と異なり、保育園と幼稚園を区別せず、一緒に扱うのが一般的です。どちらも保育機能と教育機能をあわせ持っているためです。○～二歳では在籍率が五割に満たない国が多く、ばらつきが大きいものの、四、五歳ではほとんどの国で在籍率が九割を超えています。

これは、欧米の研究で、幼児教育が子どもの発達に好影響をもたらすことが明らかにされ、世界的に幼児教育への関心が高まり、整備が進められたためです。

他の先進諸国でも、三～五歳を対象とした無園児の研究が、いくつか行われています（表1-5）。**国によって幼児教育の制度や文化が違うにもかかわらず、世帯所得が低い、親の教育水準が低い、両親または片親が働いていない、移民といった事情があると、在籍率が低くなる傾向が共通して報告されています**(5)(6)(7)(8)。

後で詳しく述べますが、幼児教育は、とりわけ社会的に不利な家庭の子どもにおいて効果が高いことが明らかにされているため、他の先進諸国でも、無園児をどのように幼児教育につなげるかが課題の一つとなっています。

（2）貧困家庭に育つことの将来にわたる不利

†貧困とは

無園児は貧困などの社会的に不利な家庭に多いことがわかりました。次に、貧困とはどのような状態なのか、貧困は子どもたちにどのような影響をもたらすのかを考えてみたいと思います。

ここで、皆さんに質問したいと思います。小学校三〇人のクラスで貧困の子は日本全国の平均で何人いると思いますか？　およそでかまいません。

――答えは四人です。

この数値を見て、どのように感じましたか？　「そんなに多くの子どもが貧困なんて、信じられない、何かの間違いじゃないか」と感じた方もいらっしゃるかと思います。

貧困には二種類の定義があって、一つは「絶対的貧困」です。これは、生命を維持するために最低限必要な衣食住が満ち足りていない状態のことを指します。たとえば、開発途上国で飢餓に苦しんでいる子どもや、ストリートチルドレンがこれにあたるといえます。四人を多いと考えた方は、絶対的貧困をイメージされたのかもしれません。

もう一つの定義は、「相対的貧困」です。これは、その地域や社会において「普通」とされる生活を享受することができない状態のことを言います。ただ生きられれば良いのではなく、恥を感じずに社会に参加できる、最低限の生活を想定した考え方です。たとえば、足にあった靴を履く、年に一度は家族旅行をするといったその社会では普通の生活ができない場合に、貧困と判断されます。政府統計では相対的貧困率を、所得が相対的に少ない人の割合で簡便に定義しています。

子どもの相対的貧困率は、一九八〇年代から上昇傾向にあります（図1-5）。二〇一五年では一三・九％、七人に一人の子どもが貧困状態で暮らしています。これが三〇人に四人の根拠です。手取り収入の目安で言えば、二人家族では約一七三万円未満、三人家族では約二一一万円未満、四人家族では約二四四万円未満で暮らす子どもたちが、これだけの割合いるということです。

私が大学の講義や地域での講演で「相対的貧困」の話をすると、「貧困と言っても、飢えて死んでしまうほどではないんですね」とおっしゃる方が時々いらっしゃいます。確かに、日本で飢え死にする子どもは、ごく少数です。でも、「普通と違う」ということは、**発達の諸段階におけるさまざまな機会を奪い、人生全体に影響をもたらします。**

†貧困は子どもの「今」と「将来」を脅かす

私は一〇年前、小学校でスクールカウンセラーとして働いていました。小学校には、母子家庭のお子さんがちらほらいました。日本のひとり親家庭の相対的貧困率（二〇一五年で）は約五一％（図1-5）。二人に一人が貧困状態にあります。

私が関わった事例をご紹介しましょう。母子家庭で暮らす太郎君（仮名）、五年生です。自分たちの生活を支えるために一生懸命働いている母親の役に立とうと、太郎君は自分の勉強はそっちのけで、家事を担ったり、きょうだいの世話をしたりしていました。一方で、母親に甘えられない寂しさも抱えていて、ストレスでお菓子を食べ過ぎて少し太っていま

図1-5　相対的貧困率と子どもの貧困率の推移

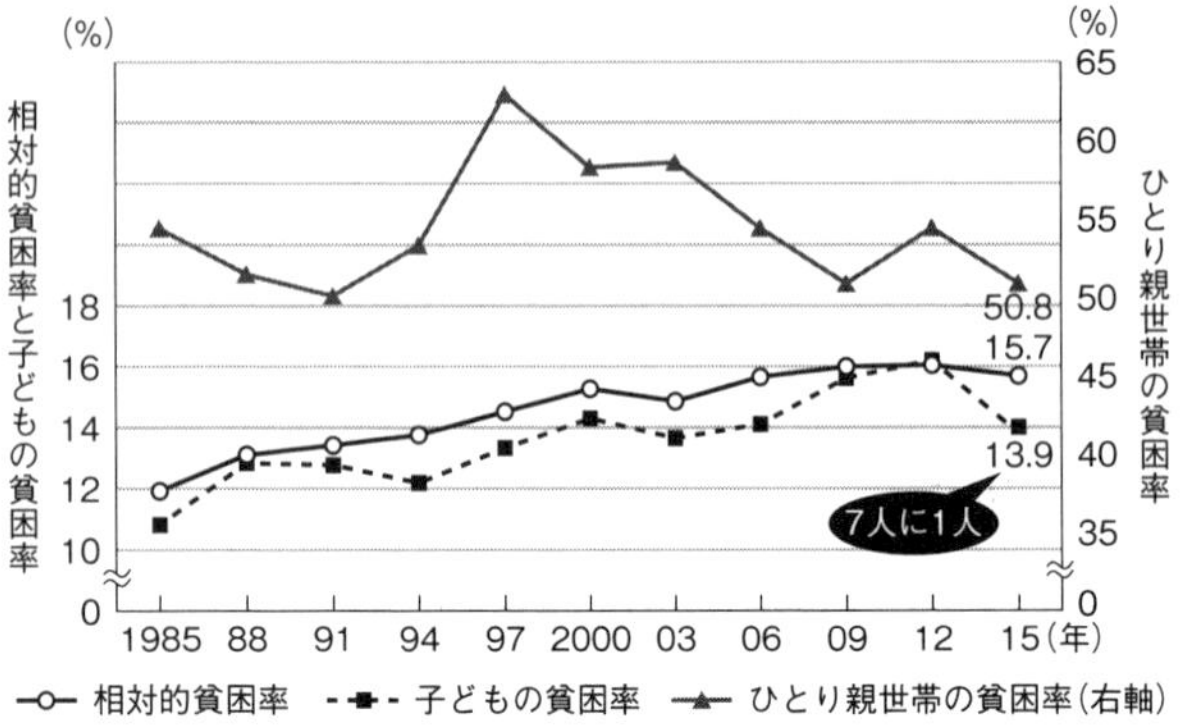

注：相対的貧困率とは「等価可処分所得（世帯の可処分所得を世帯人員の平方根で割って調整した所得）の中央値の半分に満たない世帯員の割合」のこと。2015年では、手取り収入（可処分所得）が、2人家族では約173万円未満、3人家族では約211万円未満、4人家族では約244万円未満の割合に相当する。「子どもの貧困率」とは17歳以下の相対的貧困率、「ひとり親世帯の貧困率」とは18歳以上65歳未満のひとり親と17歳以下の子どもがいる世帯の相対的貧困率を示す。
出典：厚生労働省「平成28年　国民生活基礎調査」

したし、何日もお風呂に入らないままで学校に来ることもありました。

都内の小学校だったので、私立受験のために塾通いをする子や、習い事をする子がたくさんいました。太郎君は経済的な理由で、塾や習い事に行くことができませんでした。太郎君は勉強にだんだんついていけなくなりました。「どうせ、ぼくなんて」が太郎君の口癖でした。「みんなと違う」ことは、太郎君の希望や意欲を失わせていきました。

「お金がない」という問題は、単純にモノが買えないということだけでなく、不適切な生活習慣や、勉強やさまざま

図1-6　親の収入別にみた４年制大学への進学率

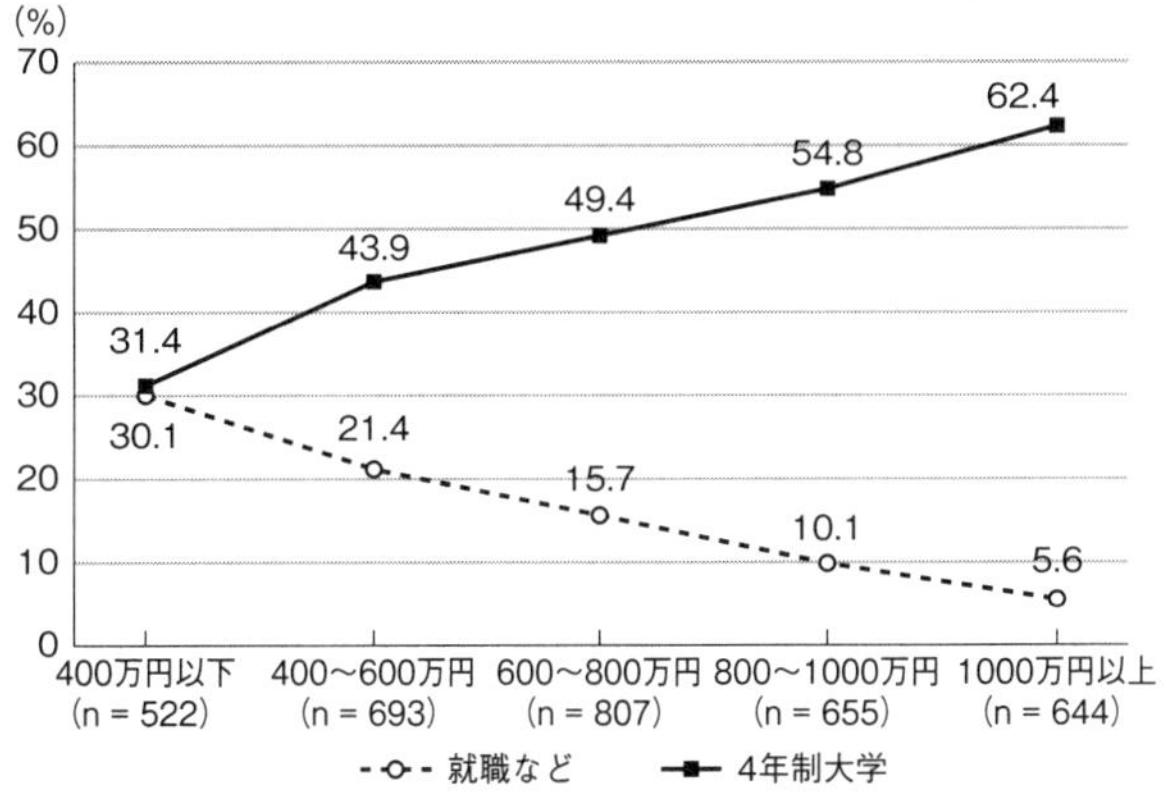

注：日本全国から無作為に選ばれた高校3年生4000人とその保護者4000人が調査対象。
出典：東京大学大学院教育学研究科 大学経営・政策研究センター「高校生の進路追跡調査第１次報告書」(2007.9)

な体験の不足、親子の交流の不足、仲間外れ、自己肯定感の低さなどにつながっていきます。

そうした不利の蓄積が、進学や就職における可能性や選択肢を制約することにもつながります。実際、両親の年収が高いほど、四年制大学の進学率が高いことや（図1-6）、最終学歴が高いほど、正社員として雇用されやすいことが知られています（図1-7）。その結果、おとなになってからも貧困が継続するおそれがあります。さらに、結婚して子どもを持った後も貧困だった場合、自分の子どもに貧困が受け継がれていきます（貧困の世代間連鎖）。

図1-7　最終学歴別にみた正社員の割合

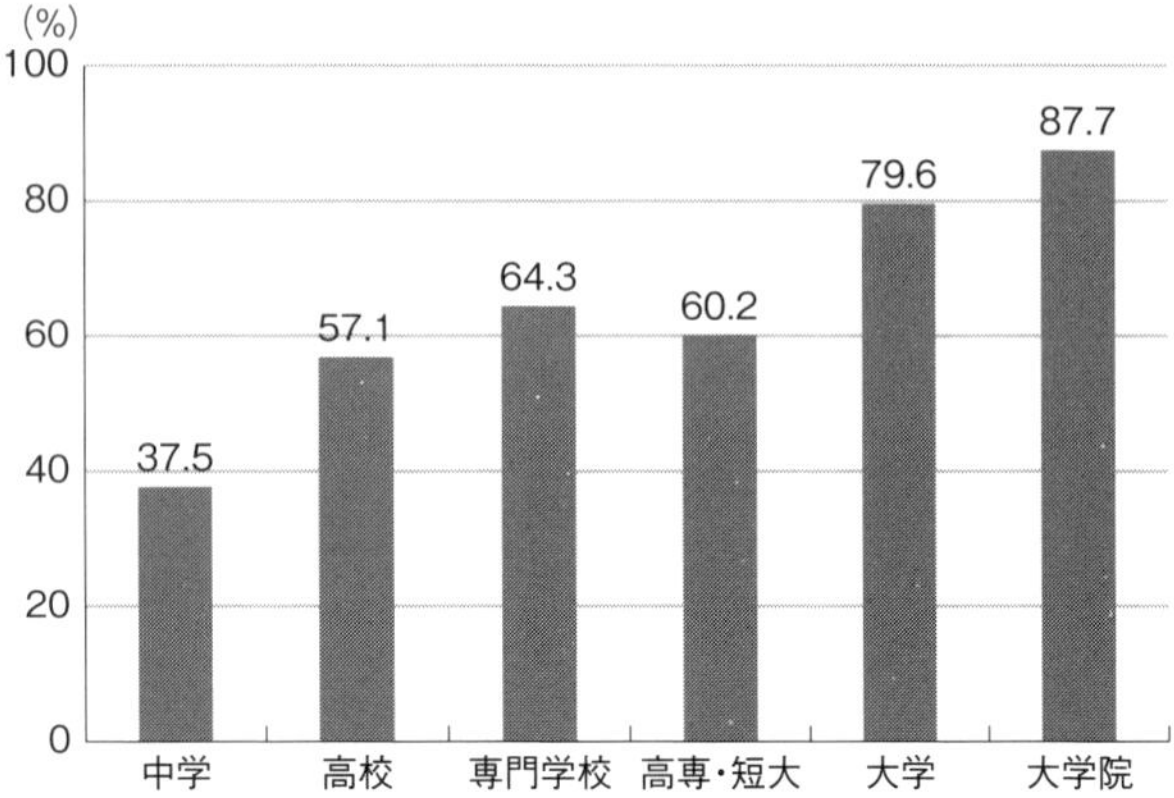

注：対象は在学中を除く若年労働者（15～34歳）。
出典：厚生労働省「平成25年若年者雇用実態調査」より著者作成

†乳幼児期の「貧困」が最も有害

近年のアメリカでの研究から、**子ども時代の中でも特に「乳幼児期」の貧困体験が、成人期での貧困や社会的不利に与える影響が大きい**ことが指摘されています[9]。

アメリカの経済学者であるグレッグ・J・ダンカンらの研究グループは、大規模な縦断調査のデータを用いて、一九六八年から一九七五年の間に生まれた子どもたちを対象に、妊娠中から一五歳までの家庭の所得と、成人期（三〇～三七歳時点）での生活状況との関連を調べました。

表1-6　妊娠期から5歳までの家庭の経済水準別にみた成人期（30～37歳）での状況

	貧困層（平均または%）	貧困層に近い層（平均または%）	中流層（平均または%）
教育年数	11.8年	12.7年	14.0年
収入（万ドル）	$17.9	$26.8	$39.7
年間の労働時間	1,512時間	1,839時間	1,963時間
フードスタンプの受給額	$896	$337	$70
自覚的不健康	13%	13%	5%
逮捕歴（男性のみ）	26%	21%	13%
未婚で出産（女性のみ）	50%	28%	9%

注：貧困層は所得が貧困線以下、貧困層に近い層は所得が貧困線の1.2倍、中流層とは所得が貧困線の2倍以上を示す。
フードスタンプとは公的扶助の一つで、食料費を補助するもの。
出典：Duncan & Magnuson（2011）より著者作成

実に興味深い影響が見られたのですが、妊娠中から五歳まで貧困家庭で育ったグループは、中流家庭で育ったグループと比べ、成人期での教育年数が二年少なく、収入が半分以下、年間の労働時間が四五一時間少なく、フードスタンプと呼ばれる公的扶助費を八二六ドル多く受給し、自分を不健康だと感じる人が三倍近く多くなっていました（表1－6）。

また、子ども時代の貧困体験の中で成人期の収入に最も影響する時期を推計したところ、妊娠中から五歳までの貧困体験が、六～一〇歳、一一～一五歳での貧困体験と比べ、成人期での収入への影響が最も大きいことが明らかになりました。

物心がつく前の成育環境は、本人にはどうすることもできません。この研究は、政策的な介入の必要性を示しています。

†「貧困」が乳幼児の発達にもたらす二つのプロセス

では、なぜ乳幼児期の「貧困」がその後の人生に大きく影響するのでしょうか?

乳幼児は、母親や父親などの養育者から無条件の愛情をたくさん注いでもらうことで、彼らとの間に情緒的な絆を築き、「自分は他人から愛されていて、大切にされている」という「基本的信頼感」を抱くようになります。この基本的信頼感が育まれた子どもは、養育者以外の人とも安心して関わることができるようになります。

また、日々の生活から、食事、睡眠、トイレ、着替え、お風呂といった基本的な生活習慣を身につけていきます。さらに、主体的な遊びや活動を通じて、生涯にわたって学んだり、集団生活を送ったりする上での基盤が作られていきます。

しかし、貧困家庭では、お金や時間がなく、頼れる人も少ないため、子どもとの関わりが不十分、あるいは不適切となり、そうした基盤を作ることが阻害されてしまいます。

経済学や社会学、発達心理学の研究では、貧困が子どもの発達を阻害するモデルとして、

「家族ストレスモデル」[10]と「家族投資モデル」[11]の二つがよく挙げられています。

「家族ストレスモデル」は、〝経済状況が悪い→家族の経済的困窮感→親の情緒・行動上の問題の増加→親の不適切な養育→子どもの発達へのネガティブな影響〟という、親の情緒・行動上の問題を経由したプロセスを想定しています。

「家族投資モデル」は、〝経済状況が悪い→親の教育投資の低下や居住環境の劣化→子どもの発達へのネガティブな影響〟といった、主に親の教育投資を経由したプロセスを想定しています。これらのモデルは日本の実証研究によっても支持されています[12]。

具体的にイメージするために、日本の文脈に沿って考えてみましょう。

まずは、「家族ストレスモデル」について。お金がなくて、公共料金などの支払いが滞って催促を受け続ける状況や、必要なモノが買えない状況は心を追い込んでいきます。かといって、自身も貧困家庭で育ち、他人を信頼できず、両親との関係も悪く、頼る人がいない方も少なくありません。

心理的なストレスが高まり、親子の交流が減ったり、叩いたり、厳しく叱ったりと養育態度が不適切になりがちです。その結果、子どもは安心感や人への信頼感を得ることができずに、情緒が不安定になったり、落ち着きがなくなったりします。

次は、「家族投資モデル」について。親が教育に投資するのは、主にお金と時間です。経済的な理由から、絵本や教材が買えない状況は想像できると思います。実は時間についても、貧困家庭では足りない状況にあります。現状では、母親が主に育児を担う家庭が多いため、母親の育児時間について考えてみます。

ここ数十年の間に、親世代の経済状況は悪化しています。総務省「就業構造基本調査」をもとに、就学前の子どもがいる家庭の経済状況を一九九七年と二〇一二年で比較した研究では、父親の年収が四〇〇万円を切る家庭の割合が二七％から三七％に増えました。この間、母親の就業率は三二％から四七％に増えていますが、そのうち三分の二を、父親の年収が四〇〇万円を切る家庭が占めていました。つまり、子どもが小さくても、母親が働かなければ生活が成り立たない家庭が増えているのです(13)。

先進国の中でも日本は男女間の賃金格差が著しく大きく、女性の就業機会が限られていますので、収入を増やすには、長時間労働や夜間・深夜労働をするしかありません。日本のある研究では、シングルマザーは、夫と子がいる女性よりも就業率が高いのに貧困者が多く、しかも長時間労働や夜間・深夜労働の割合が高いことが報告されています。具体的には、末子が〇～五歳である夫と子がいる女性のうち、五・三％が日常的に夜間（一八～

二二時）に、四・二％が深夜（二二～翌五時）に働いていた一方で、シングルマザーでは一四・八％が夜間に、一〇・二％が深夜に働いていました(14)。

このように、長時間働いたり、多くの人が子どもと触れ合っている時間帯に働いたりすることで、教育や育児に時間を投資できない状況となっています。

こうした状況を改善するためには、何よりもまず、現金給付の拡大や税控除によって貧困率そのものを下げることが必要です。なぜなら、現状の現金給付による子ども世代への再分配は、特に〇～五歳の未就学児で改善されていない危機的状況だからです(15)。加えて、現物給付として、保育園や幼稚園などの子育て支援を充実することも救済策となります。その理由を次節で詳しく見ていきましょう。

（3）貧困の連鎖を断つ鍵となる幼児教育

私たちの研究や他の先進諸国の研究から、保育園・幼稚園形式の幼児教育を受けないのは、社会的に不利な家庭の子どもで多い傾向がありました。しかし、**経済学分野での研究では、社会的に不利な家庭で育つ子どもにこそ質の高い幼児教育が重要**であり、子どもの発達の上でも、効果的であるとの説が有力になりつつあります。

†ペリー就学前プロジェクト

幼児教育の効果を検証した研究の中でも、もっとも有名な研究は、シカゴ大学のジェームズ・ヘックマン教授らによる「ペリー就学前プロジェクト」です。この研究がきわめて意義深い点は、対象者を特別な幼児教育プログラムに参加するグループと参加しないグループに無作為に分ける「無作為化比較試験」という実験方法が用いられていることと、子どもが四〇歳になるまで長期に追跡していることです。無作為化比較試験は、さまざまな研究方法の中で、結果の妥当性がもっとも高いと言われています。

ペリー就学前プロジェクトは一九六二年から六七年に、三～四歳の貧困家庭のアフリカ系アメリカ人の子どもたちを対象に実施されました。プログラムは非常に手厚い内容で、二年間にわたり、週五日、毎日二時間半ずつ教育を受けさせました。教育といっても、小学校のように教科書を使ったものではなく、子どもの自発的な遊びを重視したものです。

四年制大学以上を卒業した優秀な先生が、子ども五、六名を担当しました。さらに週一回一・五時間、先生が各家庭を訪問し、学校と家庭での子どもの様子、子どもとの関わり方について話し合いました。プログラム終了後、それに参加した五八人の子どもたちと参加しなかった六五人の子どもたちを、四〇歳まで追跡しました。

プログラムの効果は非常に高く、参加した子どもは、参加しなかった子どもと比べ、高校卒業率が高く、大人になってからの就業率も高く、収入も高くなっていました。加えて、生活保護受給率や逮捕者率も低くなっていました（図1-8）。一方、ＩＱへの効果は短期的には高かったものの、八歳前後で効果がなくなりました。[16]

ヘックマン教授らは、貧困家庭の子どもたちのその後の社会的不利が改善されたのは、

図1-8　ペリー就学前プロジェクトの教育、経済、生活面への効果

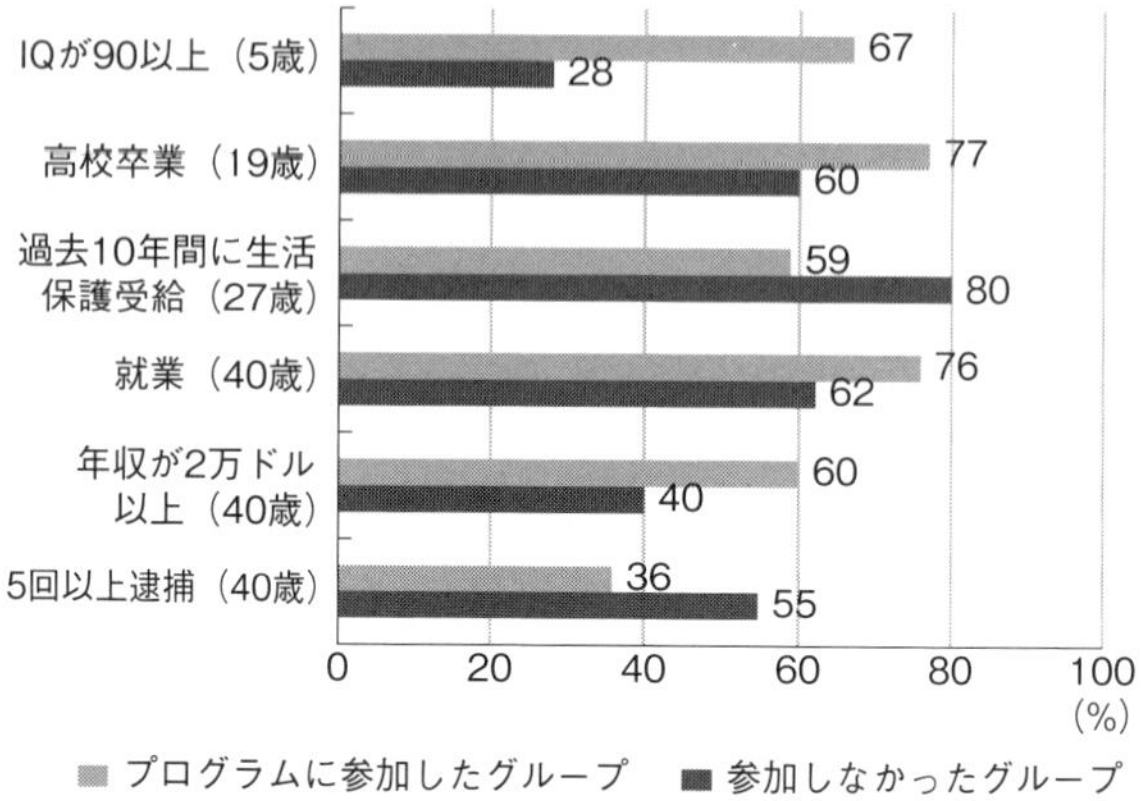

出典：Schweinhart et al.（2005）より著者作成

幼児教育によって、意欲、忍耐力、協調性といった「非認知能力」が改善されたからだと言います[17]。日本でも、就職活動で企業が学生に求める能力の上位に、「コミュニケーション能力」「協調性」といった項目が常に挙がることを考えれば、非認知能力が社会で成功する上で重要という主張も納得できます。

†社会的に不利な家庭の子どもにこそ効果がある

ペリー就学前プロジェクトは、社会実験として用意された特別な幼児教育プログラムの効果を、アメリカの貧困家庭の子どもたちを対象に調べたものです。その成果を、日本の一般的な保育園、幼稚

園に当てはめるには無理があります。少なくとも日本の参考になるのは、先進諸国の一般の幼児教育施設で通常行われているプログラムの効果でしょう。

他の先進諸国では、すでに多くの研究が一般の幼児教育の効果を検証しています。ただし、これらの研究は、ペリー就学前プロジェクトのような、無作為化比較試験では行われていません。幼児教育が大切というエビデンスがすでにある状況で、対象者を無作為に二群に分けて、対照群になったグループには幼児教育を受けさせないという実験を行うことは、倫理的に問題だからです。これらの研究では、幼児教育施設に入っている子といない子の学力や非認知機能といった発達状況について、それぞれの家庭環境の違いを統計的に補正した上で、比較しています。

そのような研究を三〇件集めて、「メタ分析」と呼ばれる方法で、効果を総合的に評価した研究があります。[18]三〇件の研究には、アメリカ、カナダ、オーストラリア、フランス、ドイツ、ノルウェー、スペイン、イギリスと、幅広い国で行われた研究が含まれました。総合的に評価した結果、次のようなことが明らかになりました。

①三歳未満では、良い効果と悪い効果が混在していてはっきりしないが、三歳以上では幼

児教育の効果が一貫して認められる。
②効果は、特に社会的に不利な家庭の子どもにおいて高い。
③効果は、非認知能力よりも、認知能力に対して高い。
④効果は、幼児教育を受けてから少なくとも一〇年は持続する。
⑤効果は、保育士の教育レベルが高い、保育士一人あたりの子どもの人数が少ないなど、幼児教育の質が高い場合に限られる。

②について、社会的に有利な家庭の子どもで、幼児教育の効果は認められなかったのは、そのような家庭では、子どもに対して適切な養育環境を提供できていたからでしょう。③は、ペリー就学前プログラムとは反対の結果になっていますので、今後さらなる検討が必要でしょう。⑤の、幼児教育は質が高くなければ効果がないというのは、着目すべき知見です。

†子育てストレス軽減による子どもの発達状況の改善

日本でも、東京大学の山口慎太郎教授が一般の保育園通いの効果を検証しています。詳しい内容は、山口教授の著書『「家族の幸せ」の経済学』に書かれていますので、そちらをご覧ください。

実は山口教授らの研究も、私たちの研究と同様に、厚労省「二一世紀出生児縦断調査」を利用していたため、論文の発表直後に読んでみました[19]。ああ、日本でも幼児教育の効果を示す研究が遂に出たんだという喜びとともに、やはり社会的に不利な家庭の子どもたちがみんな、幼児教育につながれたらいいなという想いでいっぱいになりました。

前節で、貧困が子どもの発達を阻害するプロセスには、「家族ストレスモデル」が示すように、〝経済状況が悪い→家族の経済的困窮感→親の情緒・行動上の問題の増加→親の不適切な養育→子どもの発達へのネガティブな影響〟というプロセスがあることをお伝えしました。山口教授らの研究は、幼児教育がこのプロセスを断ち切る力を秘めることを、データで実証しています。

というのも、**社会的に不利な家庭では、保育園に通うことで、母親の子育てストレスやしつけの仕方が大きく改善し、子どもの多動性・攻撃性も大きく減少するという知見が得られたためです**（図1-9）。データでは示されていませんでしたが、当然ながら、母親が働くことで、経済的困窮感が減ることも期待できるでしょう。

図1-9　保育園通いの母子への効果

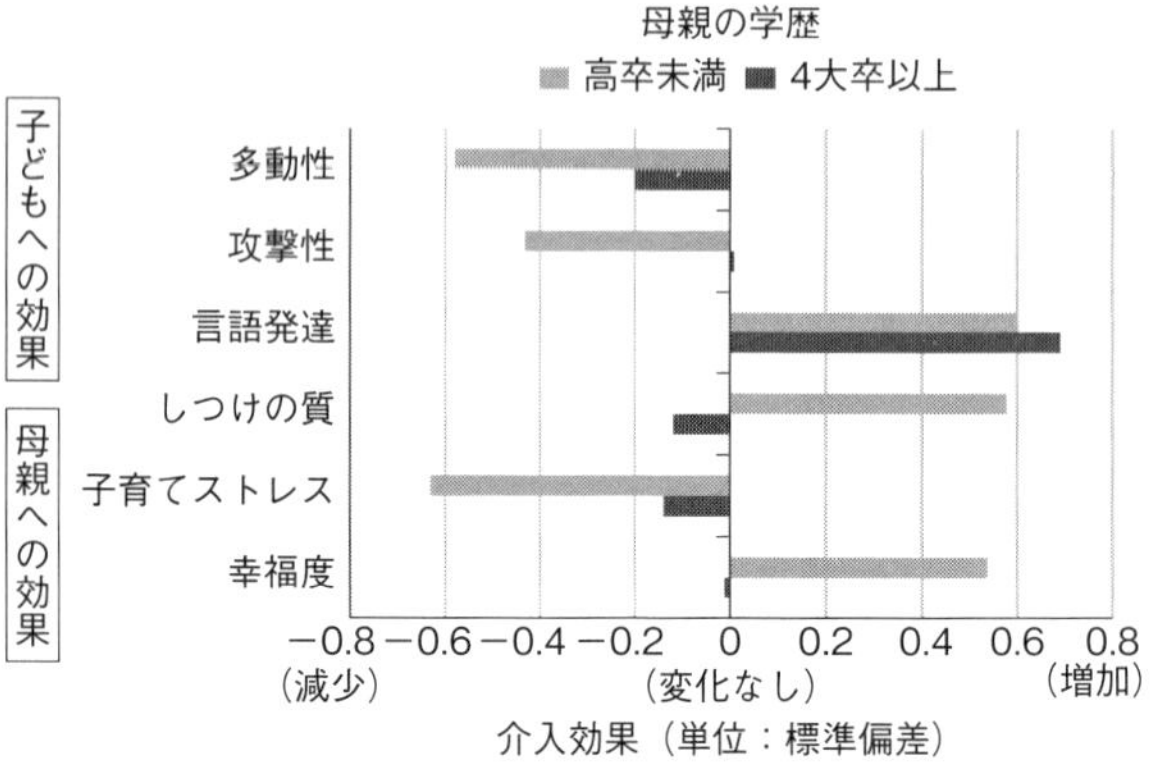

注：家庭の社会的不利を母親の学歴により評価し、高卒未満を社会的に不利と定義している。
出典：Yamaguchi et al.（2018）より著者作成

一方、平均的、あるいは社会的に有利な家庭の子どもたちでは、保育園に通う場合と通わない場合で行動面に大きな違いは見られませんでした。これは、他の先進諸国の研究と同様に、平均以上の家庭ではより適切な養育環境を整えることができるからだと考えられます。

山口教授らの研究では、二歳半時点での保育園の利用が、三歳半時点での子どもの多動性・攻撃性に及ぼす影響を分析しています。ですから、保育園通いの長期的な効果は未知数です。長期的な効果、とりわけ経済効果を示していくことは、幼児教育を充実させるための政策を訴えていく上では強力な説得材料となります。

しかし、何より大事なのは、子どもたちの「今」。「今」叩かれないこと、「今」親と笑顔で過ごせること、「今」安心して眠れること。保育園に通うことで「今」が幸せなものになるのであれば、充分「投資」の価値があると思うのです。

また、彼らの研究では、二歳半時点で保育園を利用していた子のうち、一〇%は生後六カ月から、六八%は一歳半から利用していたこともわかっています。子どもが三歳になるまでは、母親がつきっきりで育てるべきという「三歳児神話」がいまだ根強い日本社会では、三歳以前に保育園に入れることを否定的に捉える方も少なくありません。

しかし、この研究の結果から判断する限り、**社会的に不利な家庭は、三歳以前から保育園を利用した方が良い**と言えます（平均以上の家庭の保育園利用についても、問題はありません）。

なお、この研究は保育園に着目しており、幼稚園については扱っていませんが、幼稚園でも同様の効果がおそらくあるでしょう。なぜなら、保育園も幼稚園も、どちらも保育機能と教育機能を持ち合わせていますし、それぞれが従うべき「保育所保育指針」と「幼稚園教育要領」は内容の統一化が図られているからです。

†セーフティネットとしての幼児教育施設

日本では幼児教育の効果に関する研究が不足しており、科学的根拠をもとに語れることはあまり多くありません。私見となりますが、社会的な不利を抱えた家庭にも、抱えていない家庭にも、幼児教育にはたくさんのメリットがあると考えています。

地域や家族に頼れない「孤育て」が問題とされる中、幼児教育のように子育てに伴走してくれる場所があれば安心です。転勤などにより、地元で子育てができない親であっても、幼児教育とつながれば、孤立することなく、育児情報を得ることができます。

保育園を利用するには、特別の事情がなければ、両親ともに働いていなければならないのですが、それによって家庭の収入を増やすことができます。幼稚園を利用する場合でも、パート就労で収入を増やすことができるでしょう。そうして、子どもの将来の教育費や老後の生活資金を少しでも多く貯めることができます。社会全体でみれば、女性の活躍を推進し、社会保障の担い手を増やすことにもつながります。

子どもの置かれた環境はそれぞれ違いますし、発達の個人差も大きいもの。育児情報を調べて一般論はわかっても、自分の子どもに合った対処法がわからないことがありますし、その情報自体が胡散臭いことも多々あります。子育てに困った時には、幼児教育の先生に尋ねれば、子どもの個性に応じたアドバイスをしてくれます。

また、毎日同じ時間に通うことで、生活リズムが整い、小学校生活に備えることができます。偏食や家庭の経済的理由から、栄養摂取が偏っている子どもがいますが、友達と一緒なら食べられることもありますし、給食があれば栄養を補うことができます。子どもに発達障害の傾向や健康上の問題があったり、虐待の疑いがあったりすれば、先生たちが気づいて相談機関につないでくれるでしょう。

今は豊かな家庭生活を送っている子どもでも、親が失業したり、収入が減ったりするといつ生活が困窮するか分かりません。その際、すべての子どもを対象とする「普遍的制度」として、幼児教育が身近にあることは、生活の保障の観点から重要です。

——そう、全ての親子にとって、保育園や幼稚園はかけがえのないセーフティネットなのです。

第二章

「無園児」家庭の実態

——取材を通して見えてきたこと

（1）当事者への取材から

†発達の遅れを指摘され、保育園に入れなかったブラジル人の女の子

岐阜県に住むブラジル人のAさん（四五歳・女性）は、娘のMちゃん（六歳）と三人の兄弟の五人で暮らしています。**Mちゃんは「発達の遅れ」を指摘されて、年長クラスになるまで保育園に入ることができませんでした。**幸いにも、最後の一年だけ保育園に入ることができましたが、**「小学校生活に向けて準備をする機会が足りず心配だ」**と感じていますす。日本での生活は長いものの、簡単な日本語しか話せないということで、通訳を通してお話を伺いました。

Aさんがはじめて日本を訪れたのは、一九九四年のことでした。出稼ぎのためです。現在までに二度、ブラジルに短期間戻ってはいますが、かれこれ二五年近く日本で暮らしています。以前から日本に住んでいる兄弟と一緒に暮らしたいという想いや、日本人の礼儀正しさや思いやりに居心地の良さを感じていることから、気が付けば日本暮らしが長くなっていました。

家族みんなで暮らしたいという想いはあったものの、Aさんも兄弟も仕事が不安定で、全国を転々とせざるをえませんでした。来日当初は和歌山県に、その後は仕事を求めて、茨城県、千葉県、岐阜県、福井県、また岐阜県といった具合です。行く先々で、ゴルフ場のキャディ、魚屋、弁当屋など、さまざまな仕事で生計をたててきました。兄弟も仕事を求めて転居が多く、一緒に暮らせたり、暮らせなかったりという生活でした。

二〇一二年、Aさんはブラジルのテレビ番組が無料で見られるインターネットサイトを通じて、四つ年下の日本人男性と出会いました。その男性はサイトの管理人でした。二人は恋に落ち、六カ月後に妊娠が発覚しました。

しかし、男性はMちゃんが生まれる二カ月前に「癌になったから、名古屋で治療を受ける」と言い、Aさんの自宅と、名古屋を往復する生活が始まりました。最初は、日中は名古屋にいて、夜は彼女の家で寝泊まりしてという生活だったのが、「癌が悪化して、入院しなければならない」と言って、次第に彼女の家に来る頻度が減っていきました。

そして二〇一九年の春頃から、ついに消息がわからなくなりました。近くの病院に問い合わせても、見つかりません。「癌になったというのも、結婚しようという言葉もすべて嘘だったのだろう。結婚詐欺だったのだ」。Aさんは、そう感じています。

Aさんは M ちゃんを三歳から保育園に入れようとA市に申し込んだものの、市役所から「空きがない」と言われました。しばらく待っていると、児童発達支援センターから、「発達に遅れがある可能性があるから、検査にきてほしい」と連絡がありました。以前、保健師に、「Mの言葉の習得が遅いのではないかと心配だ」と、伝えたからかもしれません。

そこで行ってみると、センターの職員から**「Mさんには発達の遅れがあります。障害を持っている子どもが多く通うC保育園があって、そこなら空きはありますが、加配の先生をつける必要があります。でも、加配の先生をつける予算が今はないので保育園には入れません」と伝えられ、A市の児童発達支援事業所（障害のある未就学児向けの支援施設）につながることになりました。**

センターでは、心理検査や知能検査を受けたわけではなく、発達の遅れについての具体的な説明がなかったため、「Mは本当に発達が遅れているのだろうか」と、Aさんは不安になりました。Mちゃんは日本語をある程度話せましたが、複雑な家庭事情から、人見知りが激しく、他人とすぐに打ち解けない子どもではありました。そういう心理的な問題を、発達の遅れと指摘されたのかもしれません。

しばらくして、B市に多国籍の親子に対応できる児童発達支援事業所ができ、A市の市役所から「日本語が話せないと保育園には入れないから」と勧められ、そこにも通うことになりました。

Aさんは、その後も保育園の利用申請を続けました。市役所に行って、家から近いD保育園へ入りたいと伝えると、「D保育園は、空きがないから入れません。もしも保育園に入れることになったとしても、家から遠いC保育園になります。Aさんは車の運転ができませんから、送迎できる人を確保してください。送迎する人を確保できず、緊急連絡先も確実に保証できない場合は、あなたの娘さんの入園の順番を後回しにします」とはっきり伝えられました。

しかし、その六カ月後、Aさんよりも後にD保育園に申し込みをした友人（日本人）の子どもが、先にD保育園に入れることになりました。納得がいかず、市役所にその理由を問い合わせると、その友人には「夫と離婚予定」という家庭の事情があり、入園を優先したという説明が返ってきました。しかし、**これまでの不信感の積み重ねにより、「外国人ということで差別を受けたのではないか」という疑いの気持ちを抱かずにはいられませんでした。**

Mちゃんが年長になる年に、ついにD保育園に入れることになりました。しかし、園長先生からは、「Mさんは障害があるから、この園ではついていけないよ」と釘を刺され、同行した通訳にも、「もしかしたら、Mさんはここには合わないかもしれない。ブラジル人やフィリピン人が経営する託児所を探したほうがいいかもしれない」という助言を受けました。

そうした心配はあったものの、入園から半年ほど経った現在、Mちゃんは加配の先生をつけることもなく、問題なく生活できています。日本語がより上手くなり、ひらがなを書いたり、読んだりできるようにもなりました。**担任の保育士は「お友達とは普通に話しているし、発達の遅れは特に感じませんよ。どうして児童発達支援事業所に通っているんですか？」と、不思議がっています。**

Aさん自身もアルバイトでなんとか暮らす生活から、やっとフルタイムの仕事につくことができました。自動車部品の検査の仕事です。契約に期限のある仕事ですが、ほっとしています。

幼児期の一年は、人格を形成する上でとても大切な時期ですし、過ぎ去った時間は取り戻すことはできません。一年でも早く保育園に入れたかったというAさんの切実な想いには、共感できます。また、子育てをする上でお金は不可欠ですし、保育園に入れて安定的に収入を得たかったという気持ちも理解できます。

一方、外国人として差別を受けたかどうかは、判断が難しいところです。Aさんの友人の子どもが先にD保育園への入園が決まったのは、A市の入園の優先順位においては妥当だったのかもしれません。また、Mちゃんが自治体職員の差別的な意識から、発達の遅れがあるとされたのか否かについても真実はわかりません。外国人の子どもの場合、日本語が上手く話せないだけなのか、発達障害の特性があるのか、わかりにくいからです。

ただし、B市の多国籍の親子に対応している児童発達支援事業者の話によると、外国人の子どもが発達の遅れがあるとして紹介され、日本語が話せるようになると、保育園に入園が決まる事例が少なからずあるそうです。Mちゃんも、保育園の担任から発達の遅れは感じないと言われていますし、就学時健診でも「発達の遅れはない」と言われ、小学校では通常学級に入ることになっているため、不十分な日本語が入園の障壁になった可能性はありえます。

保育園や幼稚園が外国人の子どもを受け入れるにあたり、言葉や文化の違いから職員が戸惑って、より多くの人手が必要になることがあります。さらに、日本の多くの園では、海外にルーツを持つ子どもの受け入れに必要な人員やノウハウが不足しています。Mちゃんが保育園に入れなかった背景には、保育園の受け入れ態勢の問題があるのかもしれません。

†発達障害グレーゾーンで入園を断られた男の子

広島県在住のTさんは自身も注意欠陥・多動性障害（ADHD：不注意、落ち着きのなさが特徴）を抱えながら、発達障害グレーゾーン（傾向はあるが、診断レベルではない状態）の子ども二人の育児に奮闘する日々を送っています。Tさんの家庭は無園児家庭ではありませんが、**自閉症スペクトラム（ASD：コミュニケーションが苦手、こだわりが強いのが特徴）疑いの診断を受けた長男Y君が保育園や幼稚園への入園を断られた**ということで、そのエピソードを伺いました。

Y君がはじめて発達の遅れを指摘されたのは、一歳六カ月児健診を受けた時でした。それまでも、目が合わなかったり、言葉が遅かったり、おかしいなと思うことはありました。でもいざ、臨床心理士から「Y君の発達は一歳くらいだから、療育を受けた方が良いですよ」と勧められても、簡単に受け入れることはできませんでした。

「この子は発達障害じゃない」。障害を否定したい一心で、「発達障害」をネットで検索すると、特徴が明らかにY君に当てはまりました。そして、いじめ、不登校、虐待……と将来に希望が持てない体験談ばかり出てきて、暗澹たる思いにかられました。調べるうちに、もしかしたら自分も発達障害なのではないかと思い、受診してみると、案の定ADHDという診断でした。

「障害があっても、私は私」。Tさんは、診断を受けたことで何かが吹っ切れ、療育を受けさせる覚悟ができました。同時期に、夫の仕事の都合で田舎に引っ越すことになったため、引っ越し先で療育施設を探しましたが、一つもありませんでした。「自治体で福祉の手厚さがこんなに違うなんて」。自分で支援先を探すしかないと、発達障害に詳しい小児科医のドアをたたいたところ、言語発達の遅れを指摘され、言語療法のリハビリにつながることができました。その後はその病院を軸として、さまざまな支援につながっていきました。

Y君が二歳の時、保育園や幼稚園への入園を検討し始めました。三歳から通える幼稚園は私立しかなく、高額で通えそうにありませんでした。Tさんはフリーランスとして働いていたため、保育園も選択肢にありましたが、地元の保育園は厳しすぎて評判がよくなかったため、Y君がそこに適応するのは難しそうでした。

主治医に相談すると、「特別支援学校の幼稚部」（以下、支援の幼稚園と表記）を提案され、悩んだ末に入園を決めました。一般的に、支援の幼稚園に入れるのは、主に身体障害や知的障害のある子どもです。発達障害グレーゾーンの子どもが入れることは稀ですが、その年度はたまたま園に空きがあったため、幸運にも入ることができました。

支援の幼稚園での手厚い療育によって、Y君はできることが少しずつ増えていきました。激しかった癇癪も落ち着き、友達に危害を与えることもなくなりました。しかし、田舎というのもあり同級生が二人しかおらず、集団生活が学べる環境ではありませんでした。また、同級生には発語がなく、Y君が言葉でのコミュニケーションが取れるのは先生だけでした。

Y君は周りからの刺激を受けて頑張れる子だったので、もう少し友達が多い環境の方が良いように思えました。また、支援学校ではなく、小学校の通常学級や特別支援学級を目指す子どもの多くが、保育園や幼稚園に転園しているという事情もあり、転園を目指すことにしました。

しかし、年中クラス（四歳）からの転園は上手くいきませんでした。地元の公立幼稚園の入園面接に行ってみましたが、園長先生から「この子は人と目が合わせられないから、入園できません」と一刀両断でした。市役所の担当者に相談するも、「特別支援学校の幼稚部に通うのが、本人にとって一番幸せですよ」の一点張りでした。「Yのことを何も知らない人が、どうしてYの幸せを決められるんだろう？」と、Tさんは悔しくて涙が止まりませんでした。

次の年は他の自治体も視野に入れて探しましたが、やはり「支援の幼稚園」に入っていることが足かせとなりました。その言葉を出すだけで「障害が重い」というイメージを持たれてしまい、話も聞かずに拒否されることもありました。Y君は発達障害グレーゾーン。しかし、施設的にも、制度的にも、人の意識の面でも、「健常者」か「障害者」かの、どちらかしかないように思えました。

それでも、発達障害に理解のある先生がいる園を探し続け、小規模な公立幼稚園にたどり着きました。人の顔を覚えるのが苦手で、耳からの情報が弱く、大人数での会話が苦手なY君に、ぴったりの幼稚園でした。市の態度は相変わらずで、「親のわがまま」とまるでモンスターペアレンツのような扱いで、聞く耳持たずでした。

後から聞くと、市は財政が厳しく、加配の先生を雇えず、ほとんどの子に支援学校を勧めていたようです。しかし、支援の幼稚園の先生が「Y君がこのまま支援学校なのは発達上望ましくない」と市を説得してくれ、なんとか転園が叶いました。

小学校に上がったY君は、通常学級で頑張っています。Y君の通う小学校には、特別支援学級はあっても、通級（通常学級に在籍しながら、個別のニーズに応じた支援を特別支援学級で受けること）という制度がないという事情もありますが、もともと負けず嫌いなY君が、幼稚園で友達に遅れまいと頑張ったことが、今につながっています。

制度をしっかり調べて、利用するTさんだったからこそ、支援の幼稚園への入園や、年長からの転園が叶いました。それでも、戸惑うことがたくさんあったと言います。

まず、**自治体によって、福祉の手厚さや、支援施設の数、空きの状況が全く違う**ことです。都会は制度や施設が多く、田舎は少ない傾向にあります。同じ自治体の中でも、地域や年度によって、支援に差があります。また、自治体の担当者のさじ加減でも、変わってしまうことがあります。

加配をつけてもらえるかどうかも、自治体や園によって差があります。加配をつけてもらえたとしても、普通のスタッフの一員として使われてしまい、発達障害の子が放置されている例もあります。支援につながるかどうかは、運次第です。見通しをもって、計画的に動くことができません。

また、**支援の情報が得にくく、気軽に相談できる窓口もありません。**福祉に力を入れている自治体でも、サイトだけでは支援の詳細がわかりません。もちろん市の担当課に聞けば、制度は教えてくれますが、現場の詳しい状況まではあまり把握していません。自治体の職員は数年ごとに異動があるため仕方がないかもしれませんが、分厚い書類を片手に、質問に答えてくれる感じでした。

Tさんはあまりコミュニケーションが得意ではありませんが、支援の幼稚園が母子同伴だったことが幸いして、同じ境遇の母親たちから、さまざまな口コミ情報を得ることができました。一方、周囲に仲間がいない親は、情報が得られないまま孤立しがちです。**その**

自治体でどんな支援が受けられるのか、どんな申請書類を用意したらよいのかを、わかりやすく情報公開してほしいとTさんは言います。

さらに、「つなぐ支援が少ない」と感じているそうです。**病院は診断をして終わり、行政も入園を断って終わりで、その先どうしてよいかわかりません。**自力で探す親は療育やリハビリにつながっていけますが、探そうとしない、あるいはそのスキルがない親はそのままになってしまいます。

そういう状況下で、同じように困っている母親の姿を間近で見てきたそうです。例えばある母親の子どもは、一歳から保育園に入っていました。しかし先生や友達をたたいたり、噛んだりしてしまい、職員室ですごさせられるようになり、他の子どもたちと一緒の活動を全くさせてもらえなくなりました。行事も強制的に欠席させる、長時間おむつを替えてもらえないといった出来事もあり、その子どもは事実上追い出されるように保育園を退園し、母親は仕事を辞めました。

Tさんの周りの母親は、支援を積極的に受ける人が多いのですが、勧められるまま支援を受ける母親や、「うちの子は普通」と障害を否認して支援を受けようとしない母親もいます。「子育ては家庭で」という価値観で、他人を頼らない家庭も多いように感じています。

全く支援につながっていない家庭のうわさも流れてきます。Tさんの地域では、**幼稚園にも保育園にも、支援施設にもつながらないまま、小学校にいきなり入るという家庭が、毎年何例かある**そうです。小学校に上がるまでの六年間、何も支援を受けずにどうやって過ごしているのか不思議でなりません。

もしかしたら、自治体もコンタクトを取っているのかもしれませんが、支援施設が家から遠すぎる、親に余裕がなくて通わせられないといった事情もあるかもしれません。でも、そういう家庭は支援の場に顔を全く出さないので、実際に会ったことはないそうです。

日本は、最近になってやっと、発達障害の認知が進み、支援が増え始めました。まだまだ過渡期ですが、サイトでの情報も増え、発達障害の大人が社会で活躍する様子も発信されるようになりました。Y君が小学校に上がるタイミングで、「合理的配慮」が謳われるようになり、形式上の配慮は受けられるようになりました。子どもたちの個性は多様です。**健常者か障害者かの白か黒かではなく、その子の個性にあった支援が気軽に受けられる未来が来るといい**、Tさんはそう感じています。

Tさんは、子どもの個性に合う環境をよく考えていて、制度もしっかり調べられていて、「すごいなぁ」と感心しながら、話を伺いました。現在はY君の特性に寄り添えているTさんですが、最初はY君の障害を受け入れるのにとても苦しまれたようです。話を伺っていて、親の受け入れを難しくしているのは、発達障害に対する社会の無理解と、それにより起きている、いじめや差別などの社会的な排除にあるように感じました。

小学校までどこにもつながっていない無園児の話が出てきましたが、同じような立場の家庭とつながっていないということなので、孤立した家庭であることが推察されます。今回の取材では、小学校までずっと未就園の無園児家庭にはたどりつけなかったのですが、支援施設や団体とつながっていないのであれば、納得がいきます。

自治体によって支援体制に大きな差があり（詳細は第三章129〜144ページ）、発達障害を持つ親御さんは、とても困惑されているのではないかと思います。情報収集力が高い親でも、支援につながるハードルが高い状況であれば、支援につながれない親子が出てきてもおかしくありません。どの地域に住んでも支援が受けられるよう、国が体制整備を後押しすることも必要でしょう。

†医療的ケア児が、保育園にも児童発達支援施設にも入れない理由

東京都在住のYさん（三三歳・女性）のお宅に伺うと、二歳の女の子のTちゃんが可愛い笑顔で玄関まで迎えてくれました。**Tちゃんは、首にカニューレと呼ばれる管がついていたのですが、そのことが原因で保育園に入る選択肢すらない**といいます。

Tちゃんは、生まれてすぐに、上気道が狭くて呼吸がしづらい、「上気道狭窄」があることがわかりました。また、二次的に「気管軟化症」も生じました。これは、気管がやわらかいため、咳込んだ時や激しく泣いた時などに気管が変形して狭くなり、呼吸に支障をきたす可能性がある病気です。生後二カ月で気管切開（気管とその上部の皮膚を切開してその部分から気管にカニューレを挿入する気道確保方法）をして、夜間は人工呼吸器をつけています。成長とともに気管が少しずつ広がれば、就学前にはカニューレが取れる可能性もあるということで、それを待っている状態です。

Yさんは、Tちゃんが生まれてからぐっすり眠ったことがないと言います。人工呼吸器をつけていますが、寝返りなどで動くとすぐにとれてしまうため、寝ている間も目が離せ

ません。寝ている間に人工呼吸器のアラームがピーピー鳴ったらつける、というのを繰り返しています。眠りの浅いレム睡眠の時には、ゴロゴロと動いてしまい、頻繁な時は数秒ごとにアラームが鳴って、つけては鳴っての繰り返しです。夜の一〇時から早朝三時までYさんがTちゃんのそばにいて、三時以降は夫と交代して、何とか乗り切っています。

レスパイト入院（自宅で介護をしている人が休息をとるための入院）という制度がありますが、病院に二歳のTちゃんを一人残して、親だけ自宅に帰ることはまだできません。母親がいないと、さみしがるからです。訪問看護師が週に三日来て、一時間ほどTちゃんのケアをしている間に、少し家事をしたり、休憩したりして凌いでいます。

出産前は正社員として働いていたYさん。産後も仕事を続けたいと思い、認可保育園に入るために保活をしたものの、見学にすらつながらないことがほとんどでした。電話で見学の申し込みをした際に、「医療的ケア」という言葉を出すだけで、「それはちょっと厳しいですね」という返事がすぐに返ってくるような状況でした。快く見学を受け入れてくれた保育園はあったものの、人員が少ないことを理由に断られてしまいました。

たんの吸引や経管栄養などの医療的ケアが必要な場合、看護師の配置（加配）が必要です。Tちゃんの場合は、たんの吸引が頻回なため、つきっきりのケアが必要です。もともと看護師がいる保育園もありますが、園児全員に対して配置されている看護師のため、医療的ケア児につきっきりになるわけにはいきません。**看護師を加配してもらうよう、自治体に相談する必要があります。**

そこで、Yさんが住んでいる**A区や隣のB区に加配の相談に行ったものの、どちらの区も共通して、医療的ケアが必要な場合は三歳児クラス以降で入園を検討するという回答でした。**なぜなら、三歳以降でないと、「管が抜けた」、「痰を拭いてほしい」という要望を子ども自身が出すことが難しいからです。そして、三歳になった後、体験保育を行い、保育園が預けられると判断した場合に、申請を受けつけるという説明でした。

しかし、**医療的ケアがあるからといっても、保育園の利用調整の際に加算があるわけではありません。**保育園に入れないまま、育休が満期終了後に退職した今、無職では保育園の優先順位は高くはなりません。就職活動中でも申し込めますが、ケアをしながらの就職活動は困難です。また、もしフルタイムの仕事につけたとしても、子どもの体調不良で呼び出されたり、体調不良が長引いたりすることで、職場に迷惑をかけてしまいます。働くとしても、短時間のパートタイム就労が現実的です。そうなると、待機児童が多い都内での入園は困難に思えます。

医療的ケア児の中でも、重症心身障害児のように寝たきりの子どもの場合には、児童発達支援施設に通えることもあります。また、発達障害や知的障害を持っていると、やはり児童発達支援施設に通えることがあります。しかし、Tちゃんのように**動ける医療的ケア児で、知的障害も発達障害もない場合は、保育園にも、児童発達支援施設にも通えないケースがほとんど**です。制度のセーフティネットからこぼれ落ちています。

自治体によっては、区立保育園に障害児を対象とした「要支援児枠」を設けて、入園の枠を確保しているところもあります。しかし、Yさんが住んでいるA区では、「要支援児枠」から医療的ケア児は除外されています。看護師が必要だからです。

港区では、二〇二〇年一月から新設する区立元麻布保育園に、医療的ケア児を受け入れる専用クラスが設けられます。そこでは、通常クラスの子どもたちと一緒に過ごすインクルーシブな保育が提供されます。しかも、クラスには担当の看護師が常駐し、登園が困難な子どもは福祉車両で送迎支援を行うといった手厚さです。そんな専門枠があれば、どんなに安心でしょうか。

このように、**医療的ケア児の専門枠ができたり、看護師を加配してもらえたりする背景には、母親たちの血のにじむような努力があります**。役所に訴えたり、議員さんの力を借りて、陳情を出したり、政治に訴えることでやっと保育園に入ることができるのです。Yさんも一時期、頑張って役所と交渉したこともあったそうですが、精神的な負担が大きすぎて、続けられなかったそうです。保育園に入りたいと自治体に訴えても、「お母さんが見ていれば良いじゃないですか」、「子どもが大変なのは、みんな同じですよ」という答えが返ってくるばかりで、一緒に寄り添って考えてくれる方はほとんどいませんでした。

言葉がどんどん増えているTちゃんの姿を見ていると、発達を促してあげたいという気持ちは強くなるばかりです。でも今は、ほとんどの時間を、Yさんと二人きりで家で過ごしています。**保育園に行って他の子どもたちや大人との関わりがある子どもに比べ、受ける刺激はどうしても少なくなります。発達の可能性がしぼんでいっているように感じています。**

Yさん自身も二四時間の休みない育児で、心の余裕がなくなり、家族への接し方にも余裕がなくなりがちです。夫が定時に帰ってきて、Tちゃんの世話をしてくれるため、なんとか精神的に保てている状態です。

Tちゃんは二歳ですが、このままA区にいても三歳以降も保育園に入れない可能性があります。そこで、Ｙさんの家庭は、障害児保育園のある他の自治体に引っ越しを検討されているそうですが、子育てのために住む場所を変えなければならないのは、本来おかしなことでしょう。どの地域に住んでも、子どもの発達の可能性が広げられるよう、自治体による医療的ケア児への保育園での受け入れ体制の整備が急務です。

それにしても、医療的ケア児の母親に求められる役割や責任は、重すぎます。普通に育児や家事を行うだけでなく、二四時間体制で命を見守る看護師のような役割も担っています。私も産後に二〜三時間おきの授乳とおむつかえ、その間に睡眠をとるという生活を経験したことがありますが、Ｙさんは眠れない生活をもう二年以上継続されているのだと思うと、想像を絶します。母親は超人じゃない、ケアが必要だということの理解が広がってほしいものです。

（2）支援団体への取材から

†認定NPO法人PIECES代表理事　小澤いぶきさんに聞く

PIECES《ピーシーズ》は、子どもが孤立しない寛容な社会を目指し、「子どもの周りに優しいつながりを広げる」ことに取り組んでいる認定NPO法人です。孤立した子どもたちと信頼関係を築いていくコミュニティユースワーカーという役割を担う人の育成や、地域の中で子どもも大人も安心して過ごせる場作りなどを行っています。PIECESの代表理事であり、児童精神科医でもある小澤いぶきさんに、無園児の実態や解決策についてお話を伺いました。

――これまでの取り組みの中で、三～五歳で幼稚園にも保育園にもどこにもつながっていない子どもと関わることはありましたか？

外国籍のお子さんで、かつ家庭が困窮していたり、養育が難しかったりする環境にいたお子さんもいました。**文化的背景や日常で使用する言語が日本語でない場合、幼稚園や保育園に通っておらず、つながりが少なくなり、地域から孤立してしまうことがあります。**

そのような状況の中で、親御さんの就労が困難であったり、精神的な健康が阻害されたりという状況の中、養育が困難になっていったご家族もいました。言語や文化の違いなどに関する丁寧な支えがないことで、社会とのつながりが希薄になってしまうことがあります。

また、母国語、日本語どちらかで、抽象概念の獲得に必要な言語基盤が育まれていないと、その後の学習が困難になることもあります。**情報が届かない、情報があってもその情報の言語の理解が困難であることや、サービスの窓口での手続きの煩雑さや言語の壁などが、助けを求めることへのハードルを生み出しているかもしれません。**

──子育て支援に多文化に対応する仕組みがあったら良いですよね。

カナダのオンタリオ州に、「ファミリーリソースセンター」という子育て支援施設があります。ファミリーリソースというのは「家族の資源」という意味で、子育て家庭にとって必要な情報や、出会い、場所とか、家族がもともと持っている長所のことですね。センターには子育て家庭なら誰でも来ることができて、そういう資源を得ることができます。**スタッフのジェンダーや国籍は多様で、親御さんがどんな国籍でも、どんな性別であっても、孤立しないように、すごく配慮されています。**

「完璧な親なんていない」、「学びながら親になっていく」ということをコアメッセージにしたプログラムです。そこでも、保健師さんがついて、それぞれの国の言葉を使いながら、子どもの発達に合わせた食事を、例えば具体的に一〇〇gってどのくらい？　というところから、とても細やかに伝えています。

——日本の「子育て広場」に近いイメージでしょうか。

イメージとしては近いかもしれませんが、どのような背景を持った子どもにも対応できるように、より徹底されていましたね。ハンディがある子どもが来られるセンターだったり、移民の方たちも来られるセンターだったり。カナダはもともとモザイク型の移民が多い国なので、インクルーシブという考えに根差して、ファミリーリソースセンターが機能していましたし、保育園など、街に文化としてその考え方が根ざしていました。

――ここまでは親が外国人のケースでしたが、日本人のケースはありませんでしたか？

妊娠したことで高校を中退せざるをえなくなり、妊娠のことを相談できる人が周りにいないまま一人で頑張って産み育てようとしていた方がいました。彼女は自身が育った家庭にも居場所がない状況でした。そんな中、唯一つながっていた専門家に連絡したことがきっかけで必要な制度や資源とつながっていきました。つながることができなければ、保育園には入れていなかったでしょう。

また、お子さんに発達障害があるケースで、保育園の環境に本人が馴染めずに、保育園以外の居場所がなく、療育なども空きがなかったことで、家事・育児サービスを使いながらなんとか頑張っていたご家族もいました。親御さんとお子さんが家以外に行き場所がないことで、しんどさが生まれてしまうことがあります。

ほんの少しのつながりをきっかけに、困難な状況の家庭を取り巻く人たちがみんなで、支え合いの網目が途切れないようにしたことにより、出会うことができた可能性があります。

――一人でも誰かとつながっていたことが、支援につながったのですね。支援につながる確率を高めていくためにはどうしたらよいでしょうか？

妊娠というのは、もしかしたら、孤立しやすい環境にあった人と社会とがつながる一つのきっかけでもあるかもしれません。だからこそ、より孤立しやすい環境にある方々も含めたすべての妊娠した方々が孤立しない仕組みが必要だと思います。

例えば、母子手帳をもらうということを知らない方もいれば、保育園の制度などへの情報へのアクセスが難しい方もいます。様々な手続きが煩雑でわかりづらい中で、手続きが困難になっている方もいるかもしれません。お子さんが保育園の環境に馴染まず、保育園以外に行ける場所がなく困っている方もいるかもしれませんし、医療的ケアの必要性があっても行ける環境が近くにない方もいるかもしれません。

だからこそ、**支援機関でお互いに情報を共有して、ソーシャルワークをワンストップでやっていくというのが良いと思うんです。**フィンランドの「ネウボラ」（第三章137ページ）に価値があるのは、同じネウボラ保健師さんがずっと関わって、人と情報が途切れないこと、家族全体に関わっていること、保育園など、地域の機関と連携しながら情報を共有しているからなのではないかと思います。日本の仕組みだと、行政の仕組みにより、保健師さんの異動があったり、転居したりなどで情報が途切れてしまうことがあります。

また、**学校教育の中で、「自分を大切にすることは誰かに頼ることでもある」ことや、「子どもを育てるとはどういうことか」、「育てるのにどんな制度があるか」などを、学んでいけることも大切**なのではないかと思います。

さらに、**メディアのあり方も変わっていく必要がある**のではないかと思います。アメリカでは、アメリカの疾病予防管理センター（CDC）が、マルトリートメントが起きた時の報道についての提案をしています。アメリカのガイドラインにはマルトリートメントは公衆衛生の問題であることが書かれています。

そして、その背景にどんな構造があって、社会にどんな悪影響があるか、専門家と連携して、どのような予防の方法があるか、そのための地域資源は何があるか、予防ができている地域では何が行われているか、予防の先にどんな良い影響があるかなどを報道することが、虐待の発生予防に寄与すると書かれています。

虐待をしそうな親御さんがその報道を見た時に、自分を責めずに、「あ、こんな支援があるんだ」ということがわかります。教育と報道を通した、二つのアプローチによる予防的支援ができるといいですよね。

†公益財団法人かながわ国際交流財団　多言語支援センターかながわ総括　富本潤子さんに聞く

日本に住む外国人が増えるにつれ、その子どもたちの支援も必要とされています。しかし、支援は義務教育年齢以上の教育分野が中心で、就学前の母子保健分野については手薄になっています。そんな中、妊娠から子育ての支援に先進的に取り組む「かながわ国際交流財団」（横浜市）の富本潤子さんに、親が外国籍の子どもたちの就園の問題や、改善案についてお話を伺いました。

――三〜五歳で幼稚園にも保育園にもどこにも入れていない外国人の家庭がありますが、現状を教えてください。そもそも入園の必要性を感じていないのでしょうか？

私が知っているケースの中では、「入りたいけど、入れない」という方が圧倒的に多いですね。仕事をするために、子どもを誰かに預ける必要がありますから。外国人の集住地域では、母親同士で預けあって働くこともあるようですが、その他の地域では預ける所がないから働けないと悩む保護者が多いと思います。

入園の一番の壁は、「言葉」ですね。申し込みたくても、ものすごい数の書類が書けない、申し込みの時期を逃してしまう、といったことも壁になっています。神奈川県の委託で運営する「多言語支援センターかながわ」では、多言語で生活相談を受けるサービスを行っていますが、保育園の相談はとても多いです。でも、神奈川県は待機児童がとても多いので、なかなかつなげられません。幼稚園という選択もありますが、「日本語ができない」「宗教が違う」といった理由で受け入れに消極的な私立幼稚園もあります。

どこにも入れない場合は、父親と母親が夜勤と昼勤で、交代で子どもの世話をして、綱渡りで子育てしていることもあります。世話をする人がいなくて、子どもたちだけ家に取り残されて、児相に通報されるケースも起きています。求職期間の三カ月は就園できたけれど、日本語ができないなどの理由で結局仕事が見つからず、やめざるを得なかった家庭もありますね。

――プレスクールや当事者が運営する託児所は、保育園や幼稚園の代わりになりますか?

保育園や幼稚園とは違いますね。プレスクール（就学前の外国人の子どもに、簡単な日本語や学校生活などを教える教室）は、熱心に取り組んでいる地域もありますが、全ての地域にあるわけではありません。**プレスクールのある地域にたまたま住んでいた子どもがつながって、そうでないとつながらない状況で、子どもたちを体系的にカバーしているわけではないんです。**

また、プレスクールは、小学校に入学する前の年に、一定期間、決まった曜日に通う形なので、年中通えるわけではないんです（参照：愛知県「プレスクール実施マニュアル」）。託児所については、例えば外国人が運営している、認可保育園で規定しているような、充分な広さや環境ではなく、先生の数も少ない無認可の託児所もあります。先生も、保育士資格を持っておらず、一日中ビデオを見せていたり、バランスの取れたご飯を食べさせていなかったり。**集団生活で、小学校入学のレディネス（学習の成立に必要な学習者の心身の準備状態）をつくるような所でない場合もあります。**日本の保育園や幼稚園に通えば当然できるような、「鉛筆をちゃんと持つ」「いすにちゃんと座る」というのが、身につかないまま就学することになります。

――レディネスがないまま小学校に入ったら、どんなことに困りますか？

スタート時点で差がついてしまう可能性があります。複数の調査で、海外にルーツを持つ子は、語彙が少ないことがわかっています。その後学力の差がどんどん開いて、義務教育が修了した後、行ける高校がないという状況に陥ることがあります。**全国の高校進学率は九八・八%（令和元年度学校基本統計速報）ですが、外国人の子どもだと、正式な統計はないものの六～八割と言われていて、大きな差があります。**

私たちが神奈川県の国際教室（日本語指導が必要な児童生徒に日本語指導を行う教室）に通う中学生を対象に行った調査では、高校に進学しても、定時制高校に入る割合が高いですね（図2-1）。高校に入って最初の夏休みにドロップアウトするなど、高校中退率も高いと言われています。

文部科学省の「日本語指導が必要な児童生徒の受入状況等に関する調査」でも（詳細は三章151ページ）、**大学進学率が低かったり、非正規就労が多かったり、卒業時に進路が決定していない子が多い**と報告されています。これは、義務教育課程でのサポートが足

図2-1　海外にルーツを持つ中学生と公立校の中学生における卒業後の進路状況

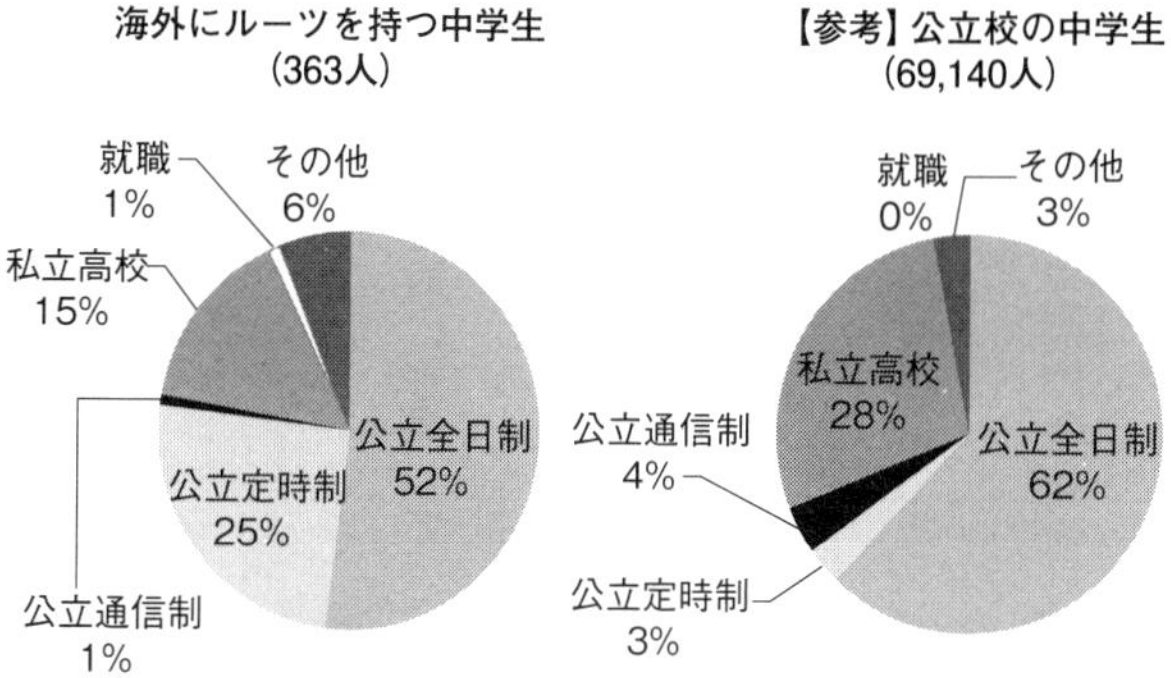

注：調査は、神奈川県内の公立中学校を対象に、2018年に実施された。この調査での「海外にルーツを持つ中学生」とは、神奈川県が実施している国際教室に通う生徒のことである。また、国際教室とは、日本語指導が必要な児童生徒に対して特別に日本語指導を行う教室のことである。
出典：公益財団法人かながわ国際交流財団「神奈川県における国際教室在籍生徒の進路にかかわるアンケート調査：結果報告書」

りないからだと思いますが、元を正すと就学前の子どもと保護者に対するサポートが足りていません。

――海外にルーツをもつ子どもたちの教育や生活上のリスクを減らしていくためには、やはり就学前教育が大切ということですね。就園の障壁を取り除いていくために、何が必要でしょうか？

保育園や幼稚園への就園は、就学とその後の人生を考える上で大切な段階ですが、さらにさかのぼって妊娠時からの支援が大切だと考えています。外国人は日本において、妊娠から就学までの六年間、思わぬ落とし穴やつまずきに多数遭遇します。妊娠の届出や母子健康手帳、出産育児一時金の手続き、乳幼児健診、予防接種など、海外では当たり前ではない制度があります。

こうした制度は日本人にとってもわかりづらいのですが、日本語が不慣れな外国人にとってはさらに難しいのです。**妊娠の届出時にただ母子手帳を渡すだけではなくて、面接でリスクを事前に評価して、サポート体制を整えて、落とし穴に落ちる前にしっかり受け止めていけば、安心な子育てにつながっていく**と思います。

そこで、私たちの組織では、妊娠・出産時から小学校入学までの流れを、日本人支援者と外国人保護者が一緒に確認できるチャート（図2-2）を、七言語で作っています。これは動画にもなっています。

母子保健に関わる支援者向けに、「外国人住民の妊娠から子育てを支えるガイドブック」というツールも作っています。これからは、保健・医療・福祉職の人にも、外国人に対応できるようになっていただきたいです。そのために、**医師、看護師、助産師、保健師、保育士の養成課程に、外国人対応のカリキュラムが必要**だと思います。二〇一六年の出生数のうち、東京では一五人に一人、神奈川県では二〇人に一人が海外につながる赤ちゃんですから、**医療通訳の養成も必要**です。

妊娠の時から保健師さんとつながって、困ったときは相談できる人や窓口があると知ることができれば、母親自身が保護者としてノウハウをつみあげていくことができます。その結果として、保育園の情報を得て、申し込むということができるのだと思います。ノウハウがないままだと、保育園にいきなり訪れて、「すみませんが、ここに入れてください」ということになりかねません。

――保育園や幼稚園の仕組みに関して、改善案はありますか？

今は、就園は任意ですが、なかば義務のような形になると良いと思います。ただ、入園しても、休みがちな方がいます。冬は寒いから、雨が強いから、送る人がいないからなどで。これは、圧倒的な情報不足によって、「保育園は毎日行くものだ」という認識がないからなんですね。だから、情報提供が必要です。

先生側にも、多様性を認めるマインドが必要だと思います。というのも、保育士さんとのコミュニケーションの齟齬から誤解が生まれて、園を嫌いになってしまう外国人の母親が結構いるからです。

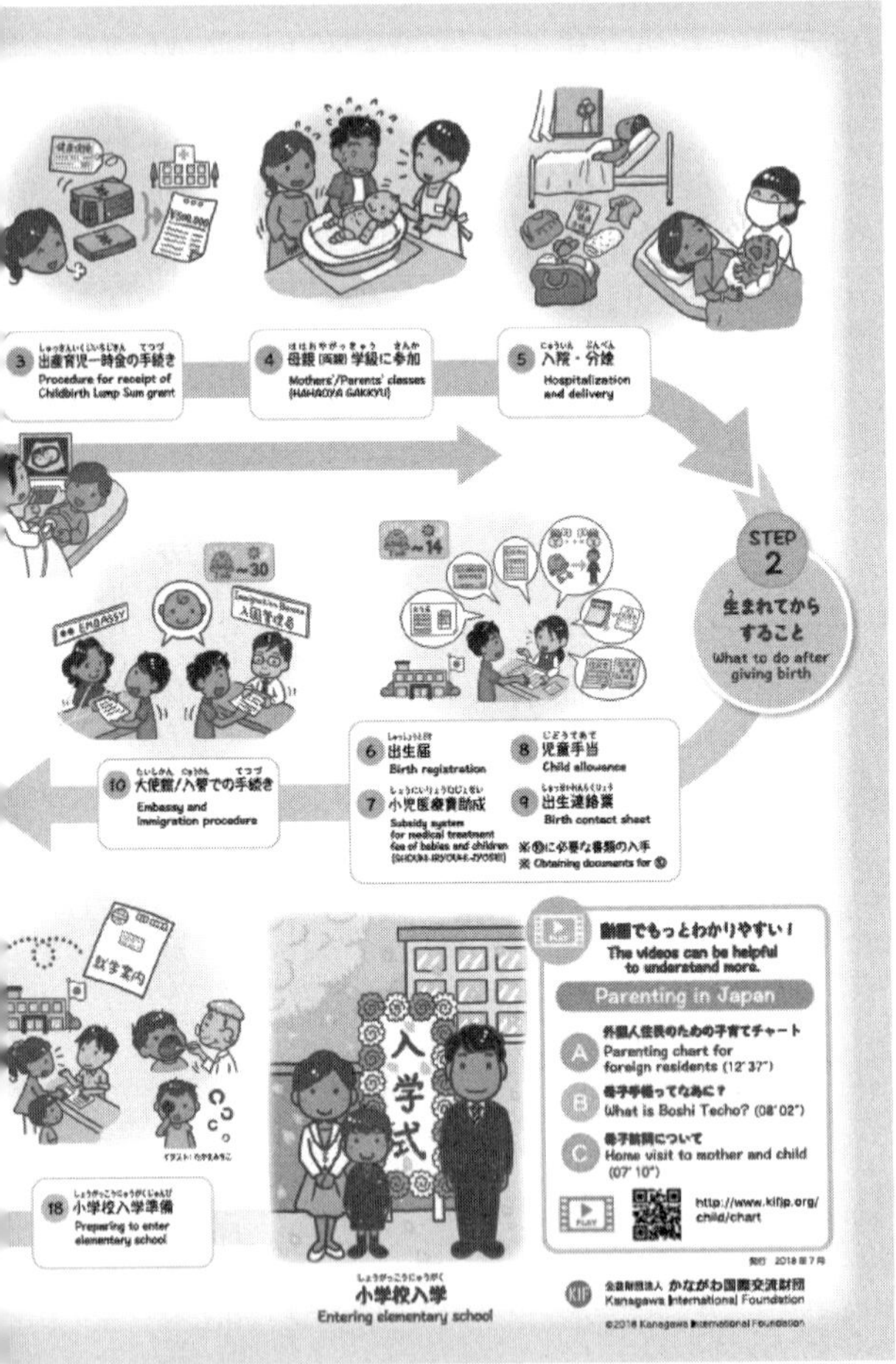
3 出産育児一時金《しゅっさんいくじいちじきん》の手続《てつづ》き
Procedure for receipt of Childbirth Lump Sum grant
4 母親《ははおや》(両親)学級《がっきゅう》に参加《さんか》
Mothers'/Parents' classes (HAHAOYA GAKKYU)
5 入院《にゅういん》・分娩《ぶんべん》
Hospitalization and delivery
STEP 2
生まれてからすること
What to do after giving birth
EMBASSY
入国管理局
6 出生届《しゅっしょうとどけ》
Birth registration
7 小児医療費助成《しょうにいりょうひじょせい》
Subsidy system for medical treatment fee of babies and children (SHOUNI-IRYOUHI-JYOSEI)
8 児童手当《じどうてあて》
Child allowance
9 出生連絡票《しゅっせいれんらくひょう》
Birth contact sheet
※⑨に必要な書類の入手
※ Obtaining documents for ⑨
10 大使館《たいしかん》/入管《にゅうかん》での手続《てつづ》き
Embassy and immigration procedure
就学案内
18 小学校入学準備《しょうがっこうにゅうがくじゅんび》
Preparing to enter elementary school
入学式
小学校入学《しょうがっこうにゅうがく》
Entering elementary school
動画でもっとわかりやすい！
The videos can be helpful to understand more.
Parenting in Japan
A 外国人住民のための子育てチャート
Parenting chart for foreign residents (12'37")
B 母子手帳ってなあに？
What is Boshi Techo? (08'02")
C 母子訪問について
Home visit to mother and child (07'10")
PLAY
http://www.kifjp.org/child/chart
発行 2018年7月
公益財団法人 かながわ国際交流財団
Kanagawa International Foundation
©2018 Kanagawa International Foundation

図2-2　外国人住民のための子育てチャート

発行：©公益財団法人かながわ国際交流財団（2017）［転載禁止］

例えば、笑い話みたいですが、「明日、お弁当持って来て下さいね」と言うと、日本のお弁当を見たことがないから、お弁当箱の中身がからっぽとか、クッキーが詰まっているとか、そういうことが本当にあるのです。お弁当はこういうのだよと、保育士さんが具体的に伝えれば、「ああそうか」ってわかるし、安心にもつながります。

あと、**外国につながりがあったり、多様な背景を持つ保育士さんが増えると良いですね**。財団では、複数の言語・文化の中で育ってきた海外につながる若者が保育士として地域で活躍できるように、「神遊協《かなゆうきょう》・神福協《かなふくきょう》奨学金」を創設して、人材育成を行っています。

——国の対策はどうあるべきでしょうか？

二〇一九年四月に入管法が変わった時に、地方公共団体による「多文化共生総合相談ワンストップセンター」が全国で約一〇〇カ所、設置されることになりました。「あらゆる相談を一元的に相談できる」窓口との位置づけですが、今後日本で出産・子育てする外国人は更に増えますので、子育て支援についても全国の全ての自治体で充実させていく必要があります。

新しくできた在留資格「特定技能」等では、家族の帯同を認めていませんが、日本で結婚・出産される方もいます。子どもにしわ寄せがいかないように、外国人の家族のケアも考えていく必要があります。また、母子保健や保育の関係機関と外国人への相談支援機関との連携も、今後深めていく必要性を感じています。

†NPO法人K　理事長Oさんに聞く

神奈川県を中心に、自閉症スペクトラムや知的障害などの障害のある本人と家族の支援を行っている、NPO法人K。会社員をしながら、理事長をつとめるOさんは、父子家庭で自閉症・知的障害のある息子さんを育てる中で、さまざまな「壁」や「隔離」を経験されてきました。一方で、ドイツ赴任中に、息子さんが障害、国籍などの垣根のない「インクルーシブな教育」を受ける幸運に恵まれています。そこで、Oさんには、親が子どもの障害を受け入れる上での苦悩と、インクルーシブな社会に向けた想いを語っていただきました。

――息子さんの発達の遅れに気づかれたのはいつ頃ですか？

息子が生まれたのは二〇〇一年で、発達の遅れに気づいたのは、二歳の時でした。幼児向けのスポーツ教室に通っていた時に、インストラクターの方から、息子に発達の遅れの可能性があるからと、病院にかかることを勧められました。まさに青天の霹靂でした。最初の子どもだったので、こんなものだと思っていたんですね。五体満足で歩いているし、言葉も全くでないわけじゃないから、成長がゆっくりなだけだろうと。

――その後、病院には行かれたのですか?

元妻が小児科回りをしました。ただ、当時は発達障害が認知されつつある段階で、誰が良い医師かといった情報がなく、近隣の医師にかかるといった感じでした。医師に診てもらっても「様子をみましょう」と言われるのみで、ちゃんとした診断やアドバイスはもらえませんでした。**私たち親の中にも「うちの子は普通」という想いがあって、診断がほしいから受診するというよりも、「大丈夫」と言ってくれる人を探して、ドクターショッピングをしていた状態でした。**

――息子さんが小さい時にドイツに赴任されたそうですね。

息子が二歳半の時、急転直下でドイツに赴任が決まりました。息子が三歳の時にドイツに引っ越しをしましたが、環境の変化にすごく混乱して、散歩に行こうにも、家から一歩も出られないような状況で、元妻も相当に苦労しました。言葉も通じないし、唯一話せるのは同じ会社の赴任家族だけで、親子で孤立しがちになっていました。

そこで、生活が落ち着いてきた三歳半ぐらいの時に、ドイツの幼稚園「キンダーガルテン」に入園しました。その時の息子の様子は、指示を積極的に聞こうとしない。自分がはまっていることに集中しがちで、他人の指示が入りづらい。言葉自体が少なくて、彼自身からの要求も出てこない。今から思うと、一発で障害があるのがわかる状態でしたが、当時は認めることができなかったわけです。

入園して三カ月くらいの時に、幼稚園の先生から「日本語では言葉が出ているのか」と指摘がありました。当時は二語文が時々出るくらいだったので、いずれ日本に戻るのも見越して、日本語での生活環境を勧められました。そこで、職場から六〇キロほど離れた、日本人幼稚園のあるフランクフルトに引っ越しをすることになりました。

――日本人幼稚園に入ったとのことですが、発達支援を特別に行っている園ではないで

すよね？　**お子さんは馴染めたのでしょうか？**

発達障害へのサポートが特別手厚い園というわけではなかったんですが、日本人学校や幼稚園は、割と親子へのサポートがしっかりしていて、先生たちも意識が高くて、教育熱心な人が多いんです。**先生一人当たりが受け持つ児童生徒数も、日本よりずっと少ないことが多いんです。**一五人に一人くらいだったかと思います。それに、ドイツでは、日本より公園や森などの自然が各段に多かったし、**子どもへの周囲の目も寛容だったの**で、そういう面で良かったですね。

入園にあたって、ドイツの児童精神科医に診てもらって、「知的な遅れはないけれど、自閉傾向があるから支援が必要でしょう」と、診断を受けました。その結果を踏まえ、**経験のある支援員さんに、加配で入っていただくことになりました。**さまざまな手続きを経て、入園が決まったのは、息子が四歳半の時でした。

――本当に偶然でしょうが、とても良い環境に恵まれましたね。

そのとおりですね。加配の費用が一カ月二〇〇〇ユーロ（約二五万円）かかったのですが、幼稚園や学校では費用を担えないとのことで、会社が出してくれたんですね。なので、費用的にも助かりました。教育環境を考えると、ドイツにいられてとても幸運でした。

結局、小学校一年の終わりまでドイツにいました。日本人小学校と幼稚園は、同じ敷地内にあって、相互交流や情報共有、縦割りの活動もありました。**小学校では二名の支援員がついてくれて、一人が週二、もう一人が週三という体制でした。**息子にべったり張り付くのではなく、全体の様子を見ながら、必要な時に手を差し伸べてくれていました。

小学校のクラス担任の先生がまた素晴らしい先生で、特別支援教育にも通じておられて、全体への声掛けや席の配置、わかりやすい絵を使った指示出しなど、できることは全て取り組んでくださったんです。

――それで、赴任を終えて、日本に戻られたわけですね。

実は、日本に戻ったのは会社の都合というよりも、家庭を維持することができなくなってしまったからなんです。日本人幼稚園に入ってからは、家族にとっての環境が各段に良くなったのですが、元妻の障害に対する受け入れができなかったのだと思います。

診断を受けてもなお、「いつかは普通になるだろう」と。

でも、息子の年齢が上がり、年相応にはできない、ということが増えていくに従って、元妻は精神的に不安定になり、荒れていきました。長男が五歳の時に次男が生まれたのもあって、元妻も大変で、情緒不安定になってしまったんです。

物を投げたり、ガラスを割ってしまったり、「おまえなんかいらない」と息子に怒鳴ってしまったり、私もぶたれたり、蹴られたりしました。その半面、「なんで私だけ」と怒り、絶望してしまったりもしていました。残念ながら、そういう家庭環境にさらされた息子も、どんどん不安定になっていったんです。

ある日、幼稚園のみんなで外を歩いていた時に、信号が赤なのに飛び出そうとしたそうです。「僕は死にたい」と言って。

——母親の不安定な気持ちは、息子さんにも伝わりますものね。

そうです。「死ね」とか「車にひかれてこい」とか、言われていたので。息子の特性で、言葉通りに受け止めてしまう面もあったのかもしれません。私としては、元妻にとことんまで寄り添うという生き方もあったのですが、とにかく息子を守らなければならないという一心で離婚に向けて動いたんです。結果的に、帰国を機に別居をはじめ、私が上の子と神奈川に住み、元妻は下の子と実家のある地域に戻りました。

小学校では特別支援学級に入ることになりました。日本の普通学級に通っても、理解が得られにくいだろうと考えていたし、特別支援学校は遠い上、父子家庭では送り迎えができないので選択肢ではありませんでした。

日本の学校環境は、ドイツと比べれば先生の意識の高さや人数、加配状況等の面で、そんなにいいわけではなかったので、いろんな意味で大変でした。民間学童に問い合わせた時に、障害があると言った瞬間に、「対象外」と言われたこともあります。

でも、職場では上司の理解にも恵まれ、都内に住む叔母や関西に住む実母に来てもらったり、ファミリーサポートや公設学童にお世話になったりして、なんとか乗り切りました。

——ドイツでは普通学級に通えたけれど、日本では特別支援学級に。インクルーシブな社会を目指していくために、何が必要でしょうか。

わたしが考える「インクルーシブな社会」とは、「年齢、性別、障害、国籍などの垣

根のない社会」です（図2-3）。これを実現するには、当事者と触れ合う機会がいろんな場所であたりまえにあることが必要です。大人って思いこみがあって、人を勝手にカテゴライズしてしまうことがあります。でも、子どもたちってすごくて、そんなこと全く考えないんです。

今の保育や教育は、どちらかというと課題を大人が勝手に与えて、その課題に沿った動きを要求されることが多いので、息子のような子が一緒に活動するのが難しくなっていくのです。だから、**一緒に何かをする機会、あたりまえに一緒に過ごす機会をとにかく少しでも増やしていかなければならない**と思います。

――制度面では何が必要ですか？

この制度があればすべて解決する、というものではありませんが、**大前提として「社会的に弱い立場に置かれがちな人のニーズを基に、社会制度を設計しなおす」ことが必要と感じます。障害のある当事者や家族は声を上げられないし、上げづらいことが多くあるので、なおさら丁寧に声を拾いながら様々な制度を作っていくべきなのです。**

そして、予算も絶対に必要です。ドイツで加配をつけられたのは、会社が負担してく

図2-3　インクルーシブな社会

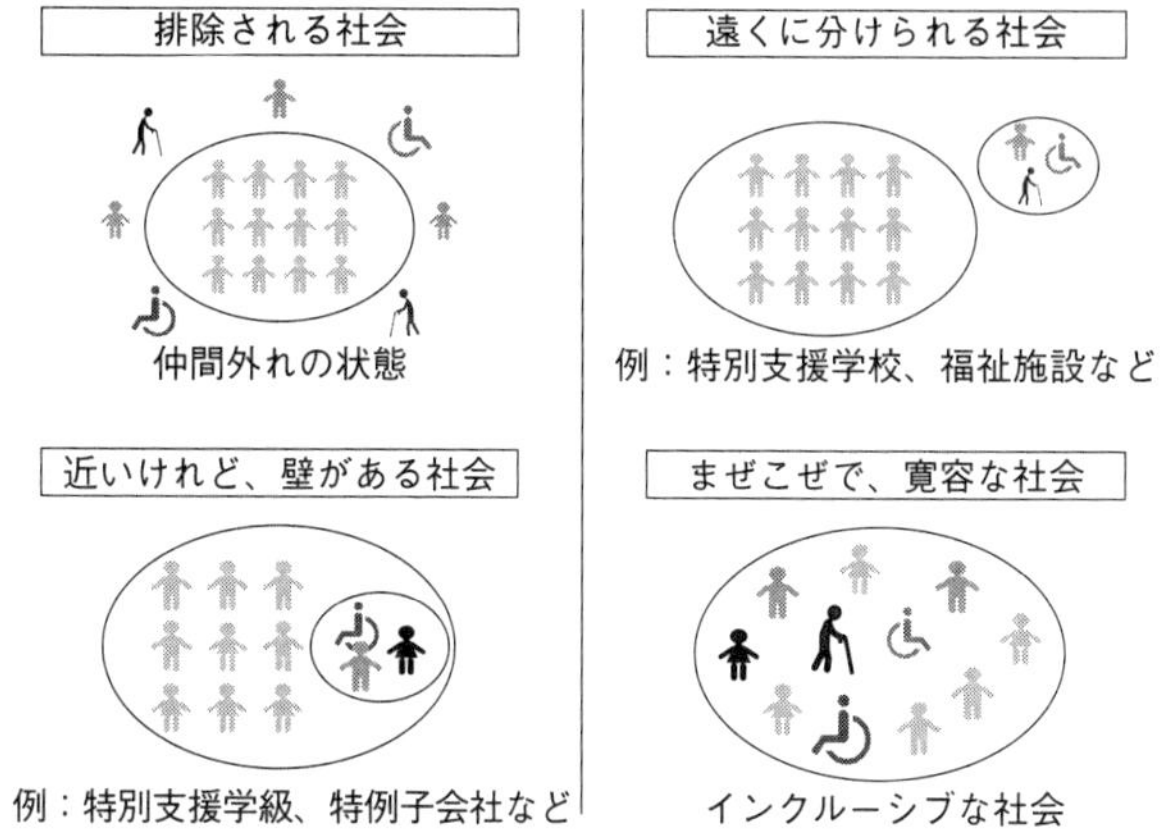

出典：Oさん提供

れたからです。予算が割かれている国では、障害児がいる家庭は、社会がサポートしてくれるけれど、**日本は教育や福祉に予算を割かないので、親が全部やらなければなりません。**親の役割はもちろんあって、それは温かい家庭を築くこと、仕事をすること、自分らしく生きること、などでしょうか。**社会のサポートがあれば、親は、もっと親の役割に集中できる**と思うんです。

　親が丸抱えでやらなければならない状況では、三歳児健診で発達の遅れを指摘されたときに、とても不安な気持ちにさせられてしまいます。学校に行ったら、特別支援学級に分けられて、大人になったら、作業所で軽作業ばかりさせられて、虐待に遭うこともあるらしい、なんて不安を親に抱かせてしまうような社会じゃダメなんです。

発達の遅れを指摘されて一時的に落ち込むことはあっても、仲間がどこかにいて、繋がりたいときにつながることができる。そして日本にはこの先ずっと支援があるんだから、この子の将来は真っ暗じゃない、うちの子を育てるのはもちろん大変なこともあるけれど、それはそれでよかったな、と思える社会にならないとだめだと思います。

そのためには、社会を構成する一人ひとりが、お互いの存在を「そうなんだ」と、自然にみとめあうこと。それがあたりまえな地域社会を創っていこうとする意識こそ、私たち一人ひとりに求められていると思います。つまり、**インクルーシブな地域社会を創れるかどうかは、私たち一人ひとりの意識次第であると思います。**

第三章

周りができることは何か

――国の政策、地方行政、地域の支援

（1）幼児教育・保育の無償化議論に子どもの目線を

†無償化は誰のため？

幼児教育の重要性への関心が高まる中、二〇一九年一〇月から、幼児教育・保育の無償化がはじまりました。今後、国と地方を合わせて年間七八〇〇億円が、無償化に投じられることになります。認可保育所や幼稚園、認定こども園に通う三～五歳の全ての子どもと、住民税非課税世帯の〇～二歳の子どもについて、利用料が無償化されます（表3-1）。

認可外保育施設、新制度に移行していない幼稚園、幼稚園の預かり保育については、利用料が一部補助されます。また、就学前の障害児が通う障害児通園施設に関しても、無償化されます。ただし、給食費や行事費などの保育料以外の費用については、引き続き負担する必要があります。

表3-1　幼児教育・保育の無償化の内容（3～5歳）

	保育を必要とする事由	
	あり（共働き家庭、一人親で働いている家庭）	なし（専業主婦［夫］家庭）
認可保育所	無償	—
認定こども園	無償	無償
障害児通園施設	無償	無償
幼稚園（子育て支援新制度　移行）	無償	無償
幼稚園（子育て支援新制度 未移行）	2.57万円/月まで補助	2.57万円/月まで補助
認可外保育施設	3.7万円/月まで補助	無償化の対象外
幼稚園の預かり保育	幼稚園利用料とあわせて3.7万円/月まで補助	無償化の対象外

小さな子どもを持つ家庭にとって、こうした家計の負担軽減措置はありがたいですよね。私も三歳の息子を認可外保育施設（地方単独保育事業）に通わせていますので、無償化の恩恵を受ける当事者です。利用料以外も合わせて毎月約六万円の費用を支払ってきましたが、無償化によって三万七〇〇〇円分の補助を受けることになりました。

これまで日本の社会保障は高齢者世代に偏っていたので、子育て中の現役世代の支援にも広げていこうという、その方向性には私も賛同します。しかし、無償化にまつわる問題を考えると、諸手をあげて喜ぶことができません。

幼児教育の有識者からは、さまざまな懸

念の声が上がっています。第一に、認可施設の保育料がもともと世帯年収に比例して決まっていたため、中高所得層に恩恵のある政策だという声。第二に、保育の質に直結する、保育士の処遇や配置基準の改善を優先すべきだという声。第三に、無償化が保育需要を掘り起こし、待機児童解消がさらに遠のくのではないかという声です。また、保護者からは、「待機児童対策を優先してほしい」という悲痛な声が上がっています。いずれの声にも賛同します。

私が一番気になっているのは、「誰のために無償化するか」という理念です。日本総研の池本美香主任研究員によれば、海外における「幼児教育無償化」は、幼児教育が子どもの発達にとって重要だと考え、家庭の経済的な理由で幼児教育を受けられない子どもを極力減らすために、行われていると言います(1)。

過去の研究から、幼児教育は質が高くなければ効果がないことがわかっていますので、質の向上のための努力も払われています。ニュージーランド、イギリス、スウェーデンでは、幼児教育の質の基準を決めて、第三者機関が定期的にチェックする仕組みがあるそうです。まさに、子ども目線で、政策が作られています。

一方、日本はどうでしょうか。無償化の目的は、「親の教育費負担減による少子化対策」と「質の高い幼児教育の機会の保障」の二本柱となっています。しかし、前者の少子化対策が強調されるばかりで、**幼児教育の質の確保や、機会の保障に関する議論については、心許ない状況です**。大人の事情で、政策が語られているように感じます。

私は、国会ウォッチャーではないのですが、この本を書くにあたって、国会審議をビデオライブラリでチェックしました。そこでは、二〇代や三〇代の若い世代が理想の子ども数を持たない最大の理由は、「子育てや教育にお金がかかりすぎるから」だ、だから少子化対策として無償化が必要だ、というセリフが何度も繰り返されました。それを聞きながら、無償化で少子化が改善されるだろうかと、首をかしげていました。

というのも、少子化の要因は、教育費の私的負担が大きいことだけではないからです。日本は婚外子がきわめて少ない国で、結婚が子どもを作る前提のようになっていますが、そもそも結婚しない、あるいはできない若者が増えています。

少子化への効果があまり見込めなければ、無償化は中高所得層へのバラマキ政策でしかありません。無償化は既定路線でしたが、改善の余地はあるでしょう。限られた財源を無駄にしないためにも、**子どもの目線から見た無償化の本質的な意義、すなわち「質の高い幼児教育の機会の保障」について改めて議論すべきです**。

幼児教育の質の確保においては、保育士や幼稚園教諭の処遇改善が必要でしょう。保育士や幼稚園教諭は、未来を担う子どもの安全や命を守りながら教育する、責任の重い仕事をしているにもかかわらず、年収が全職種平均四九一万円（二〇一七年）に比べると一五〇万円ほど低い状況にあります。

また、子どもたち一人ひとりに目を配るには一定の人手が必要となりますが、日本では一人の保育士や幼稚園教諭が受け持つ子どもの数が、他の先進諸国に比べて多くなっていますので（保育園三歳児二〇対一、四〜五歳児三〇対一、幼稚園三〜五歳児三五対一）、配置基準の見直しも必要でしょう。

機会の保障のために、就園の義務化も検討に値します。義務化の是非については、駒崎さんとの対談で深く掘り下げます（182ページ）。

†機会の公平性の実現を

無償化は、「全世代型社会保障改革」の一環で行われます。社会保障であるならば、すべての子どもが対象でなければなりません。幼児教育施設に通わなければ、無償化の恩恵を一切受けないわけですから、機会を保障する努力が必要です。現状では、九割以上の子どもたちが幼児教育施設に通っていますので、「幼児教育の機会の保障」は、ほぼ達成されています。でも、まだ「取り残されている子ども」がいます。

制度からもれる子どもが少しばかり出てきても仕方がないと、考える方もいるでしょう。私たちの研究への批判は、まさにそうした趣旨のものでした。しかし、取り残された子どもたちは、多重に困難を抱えた子どもたちです。乳幼児健診の受診率は九割を超えますが、受診していない家庭で虐待リスクが高いことが知られています。この事実からもわかるように、ほとんどの家庭がすることをしない家庭は、深い事情を抱えていると考えられます。たとえ数は少なくても、**幼児教育の効果が最も見込めるのに、受けられていない子どもたちに、手を差し伸べるべき**ではないでしょうか。

問題は、無園児をどのように把握し、どのように幼児教育施設につなぐかです。私たちの研究から、無園児は、費用の問題だけではなく、家庭や健康・発達の問題により幼児教育を受けられていないと考えられます。無償化しても、状況はあまり改善されないでしょう。**無償化から「取り残された子ども」が、どんな状況に置かれているかを把握し、お金や言葉、健康・発達上の問題が就園の障壁になっているのであればそれを取り除く努力をすることが重要です。**その具体的な案は、次節以降で詳しくお伝えしますが、その前に〇～二歳児に対する保育の必要性について、触れておきたいと思います。

†〇～二歳児に対する保育の必要性

無償化によって巨額な財源が三～五歳の子どもがいる家庭に投じられることになりましたが、〇～二歳児は住民税非課税世帯を除いて、何の恩恵も受けません。しかし、**昨今の児童虐待の報道からもわかるように、三歳になる前に行き詰まる家庭も少なくありません。**

私はかつて、二五〇〇g以上の正期体重で生まれた約五万人の赤ちゃんを対象に、一歳半になるまでに発生した「発育不全」の割合を、親の所得別に調べたことがあります。すると、両親の所得が低い子どもは、両親の所得が高い子どもより、発育不全リスクが約一・三倍になることがわかりました。(2) おそらく、お金がないために両親が十分な食事を用意できないことや、ネグレクト（育児放棄）などが背景にあるのでしょう。

この研究を行っていたのは、産後に職場復帰して間もない頃で、夜な夜な息子に母乳をあげる日々を送っていました。暖かい布団にくるまれながら、おなかも心も満たされた息子の安らかな表情を見ながら、何とも言えない気持ちになったものでした。寝不足でギリギリのところで理性を保って生活する中で、育児に困難を覚えるタイミングも、理性が決壊してしまう親の様子も、リアルに想像できました。おなかが満たされない赤ちゃん、満たしてあげることができない親——こうした親子のために、何ができるでしょうか。

解決策の一つとして、**〇〜二歳児がいる社会的に不利な家庭に、保育園通いを積極的に促す**ことが挙げられます。日本の研究で、〇〜二歳での保育園通いが、社会的に不利な家庭の子どもの発達に効果があることが実証されていますので、理にかなっています。また、日本ではいまだ「三歳児神話」が根強いため、この年齢で母子が離れることに抵抗がある方もいらっしゃるかもしれませんが、学術的には三歳児神話は根拠がないとされています。

あるアメリカの心理学者のグループが二〇一〇年に発表した研究では、「三歳未満での母親の就労」と、「思春期までの子どもの学力や情緒・行動面での問題」との関係を調べた六〇年代以降の研究を六九編集めています。そして、両者の関係を「メタ分析」と呼ばれる方法で総合的に評価しています。すると、三歳未満の子どもをもつ母親が働いても、家で子育てに専念しても、子どもの思春期までの学力や情緒・行動面の問題に違いが見られないことが明らかになりました。

さらに興味深いことに、社会的に不利な家庭では、母親が働くことが子どもの発達に良い方向に関連していました(3)。これはおそらく、母親の就労によって家庭の経済状況が改善ることで、経済的困窮による親のストレスが減少し、衣食住などの生活環境が改善するからでしょう。

現状では、**日本の〇～二歳児の就園率は、他の先進国と比較して低い状況です**（40ページ、表1-4）。**就園に際して、「就労要件」という高いハードルがあることが、その要因の一つと考えられます**（25ページ、表1-2）。

生活保護世帯やひとり親世帯は保育園に優先的に入れることが多いのですが（自治体の利用調整のポイントが高いため）、それ以外の低所得家庭（日本の生活保護の捕捉率は一～三割と低いため、生活保護を受けられる経済水準でも、自力で生活をしている低所得家庭がたくさんあります）は、精神障害などの特別な事情がない限り、就労しないと優先入園は困難です。

一方、他の先進諸国では、三歳未満についても親の就労の如何にかかわらず、すべての子どもに保育園に通う権利を付与する傾向にあります(4)。

日本も、新制度が始まる前と比べて、入園要件は緩和されてはいます。新制度前は、「保育に欠ける事由」と呼ばれていた認可施設の利用要件は、「保育の必要性」という言葉に改められ、求職中、就学、虐待やDVの恐れがある場合などにも広がりました。

しかし、他の先進諸国の状況には遠く及びません。日本でも、就労の如何にかかわらず、希望する全ての家庭で保育園に入れるようになると、とても安心して子育てができると思います。それが現実的でなければ、せめて、低所得や障害のある子どもがいる家庭など、子育ての困難度の高い家庭を入園要件に含めてほしいものです。

「ならば、働けばいい」という意見もあるでしょう。第一章で紹介したように、収入を増やすために、子どもが小さくても働いている方はたくさんいますが、さまざまな事情から働くことができない方もいます。また、パートタイム就労でも保育園を利用できますが、待機児童の多い地域では、フルタイム就労でなければ優先順位が下がって、保育園には入れません。私自身も実感していますが、フルタイム就労と乳幼児の育児の両立は、容易ではありません。

ですから、**就労要件を必要としない「一時預かり事業」を、もっと気軽に使えるようにすると良い**のではないでしょうか。「一時預かり事業」とは、認可施設や地域子育て支援拠点などで、乳幼児を一時的に保育する事業のことです。専業主婦からのニーズが非常に高いにもかかわらず、事業者への補助金額が少なすぎて、充分な量のサービスを提供できていないのが現状です(5)。

利用枠を増やしたり、利用料を補助したりするために、予算を拡充すべきです。母親が、レスパイト（息抜き）や育児相談のために「一時預かり事業」を利用することは、虐待防止や、子どもの「今」の幸せにつながると考えられます。

ただし、「幼児教育の質の確保」にせよ、「三歳未満への支援の充実」にせよ、財源が必要です。これに対し、前出の日本総研の池本美香主任研究員の提案が参考になります。海外の無償化にならって、半日程度の教育時間のみ無償化し、浮いた分を質の確保や三歳未満への支援に充てるという方法です(6)。

現制度では、保育園は八～一一時間分無償化され、幼稚園は四時間分と不公平が生じています。加えて、フルタイムの保育の無償化は、長時間保育を助長し、さらなる保育士の不足や質の低下を招くおそれもあり、良いことがないようです。

（2）取り残された子どもたちを幼児教育につなぐ

†無園児を把握する

私たちの研究から、無償化から「取り残された子ども」が、社会的に不利な家庭の子どもたちであることがわかりました。この研究は、全国規模のデータを使って日本全体の傾向を把握していますので、政策提言を行う際には、強力な説得材料になるでしょう。一方で、集団の傾向をみるような研究からは、無園児の個別の事情はわかりません。

また、どんな調査にも誤差はつきものですが、私たちが算出した無園児の割合は、保護者の回答に基づいているため、若干の誤差を含むと考えられます。国が出している無園児九・五万人という数値も、あくまで推計値です。次なる課題は、住民の情報を持っている市区町村が、無園児を一人ひとり確認し、正確な数を把握することです。

実は、**市区町村ではすでに、既存の調査を通じて、無園児家庭を把握しています**。厚生労働省は二〇一四年度より、児童虐待防止対策の一貫で、「居住実態が把握できない児童に関する調査」を実施しています。市区町村に住民票があるものの、乳幼児健診を未受診だったり、学校に来なくなったりして、居所不明の児童の安全を確認することが目的です。二〇一八年度は、三月に発生した目黒女児虐待事件を受けて、「乳幼児健診未受診者、未就園児、不就学児等の緊急把握調査」と名称を変え、より詳細な調査が行われました。この詳細な調査は今後も継続されるとのことですので、市区町村はこの仕組みによって無園児を把握しています。

なお、市区町村によって安否が確認されなかった子どもは、二〇一八年六月一日時点で一万五二七〇人でした。このうち、無園児が一万一六一四人（七六・一%）を占めました。つまり、無園児は、居所不明の子どもに限定しても、全国で約一万人はいるということになります。厚労省は、入国管理局に出入国の記録を照会するほか、行方不明者届を出して、今もなお調査を続けています。一九年六月二五日時点で、一七人の子どもの安否がいまだ確認されていません。これまでに安否が確認された子どものうち一六六人に、虐待または虐待の疑いがあったため、早期の確認が望まれます。

†無園児を幼児教育につなぐ

無園児を把握する仕組みはすでにありますが、**無園児家庭を幼児教育施設につなぐべく取り組む自治体は、現状ではほとんどありません**。就園は義務ではないため、無園児であること自体を問題視していないのかもしれません。実は、私が無園児の研究を公表した後、自治体からの問い合わせや、支援に向けた協力の要請があるのではないかと期待していました。しかし、今のところ、全く音沙汰がありません。

また、「はじめに」で、宮腰光寛少子化相より、「無園児については各省庁で連携して研究する」方針が示されたことに触れましたが、各省庁が研究を進めているという話は、私のところにはまだ届いていません。国主導で無園児家庭への支援のあり方を研究し、指針を出してもらいたいものです。

希少な例として、東京都杉並区は二〇一九年度から、無園児家庭へアウトリーチ（支援者が直接出向く家庭訪問）し、個々の状況に応じた子育て支援サービスの情報提供や相談をきめ細やかに行う、「子育て寄りそい訪問事業」をはじめています。これは、前述した「乳幼児健診未受診者、未就園児、不就学児等の緊急把握調査」を通じて、虐待を未然に防ぐために、そうした支援の必要性があると判断したからです。また、緊急把握の対象になった児童の半数が転入世帯の児童だったことから、未就学児のいる転入世帯に、子育て支援サービスや相談窓口に関する冊子を入れた「情報バッグ」の配付も行っています。

また、子どもの貧困対策に力を入れる東京都足立区では、二〇一五年度から四～六歳児を対象に「あだちっ子歯科健診」を始めたことをきっかけに、無園児が支援を要する子どもたちだと気付きました。二〇一八年度の実施結果では、就園児での受診率が九九％だったのに対し、無園児での受診率はわずか一三％でした。虫歯のある子どもの割合も、無園児では全体の平均よりも高い傾向にありました。ハガキなどで受診勧奨しても、返信がかえって来ません。そこで、対策のあり方を模索すべく、アウトリーチし、家庭の状況を把握しようとしています。

杉並区と足立区の取組みにおいて、「アウトリーチ」によって無園児家庭と接触を取ろうとしている点が共通しています。**アウトリーチは、無園児家庭への支援において不可欠だと考えられます。なぜなら、無園児家庭には、支援を望まない、あるいは、支援を求める力が残っていないような家庭が含まれるからです。**そのような家庭の背景はさまざまでしょうが、多くは貧困、若年、シングルマザー、配偶者からのＤＶ、虐待、親の知的・精神障害、育児支援者の不在などの不利を多重に抱え、社会的に孤立した家庭だと考えられます。

こうした家庭の保護者の考えもまたさまざまでしょうが、社会に対して諦めや不信感を抱いている、幼児教育の価値を相対的に低く評価している、子育ては親の責任だから支援は不要だと考えている、自分の子育てが非難されることへの不安を抱いているなどの理由で、支援を望まないのだと考えられます。だからこそ、行政機関によるアウトリーチに対し、拒否的な態度を示し、対立関係が生じがちです。**支援にあたって、何度も丁寧に接触を重ね、信頼関係を作っていく必要があります。**

支援には困難を伴うでしょうが、一自治体ごとの、無園児家庭の数はそれほど多くはありません。仮に全国に無園児が九・五万人いるとして、全国の市区町村の数（二〇一九年時点）は一七二四ですから、前者を後者で単純に割ると、一市区町村あたりの無園児数は五五人です。もちろん、市区町村の人口規模によって、この値は上下します。実際には九・五万人もいないでしょうから、多く見積ってもこのレベルです。対応可能な数ではないでしょうか。

最近は、食事を家庭で提供したり、食品や生活必需品を無料で家庭に届けたりする活動を通じて、子育て家庭にアウトリーチする自治体が出てきています。例えば、東京都江戸川区は、親の低所得や病気などで食事を用意することが困難な家庭にボランティアを派遣し、無償で夕食を作って提供する「おうち食堂」に取り組んでいます。二〇一七年八月に始まり、一定の審査を受けた世帯は年間四八回を上限に利用できます。自治体の職員ではなくボランティアがサービスを行うのですが、食支援をきっかけにボランティアが家の中に入ることで、家庭内の問題にも気付きやすく、必要な公的支援につなぐことができます。

また、東京都文京区は、二〇一七年七月から、就学援助や児童扶養手当を受けている世帯を対象に、企業などから寄付されたお米やレトルトなどの食品などを直接宅配する「こども宅食」に取り組んでいます。江戸川区の「おうち食堂」と同様に、食品配達をきっかけに、気軽に相談ができる関係をつくり、相談を受けることで、危機的な状況に陥る前に公的支援につなげるのが目的です。

さらに、兵庫県明石市は、市内の〇歳児におむつを無償宅配する「おむつ定期便」（仮称）というアウトリーチ型福祉施策を、二〇二〇年一〇月から導入することを計画しています。「おむつ定期便」は、育児経験のある女性ドライバーが、〇歳児のいる家庭に月一回程度、紙おむつなどの育児関連用品を無償で届け、手渡しすることで同時に母子の健康や虐待の有無をチェックします（神戸新聞　二〇一九年一一月二七日）。

いずれの事業も、自治体とNPO団体等が共同で運営しています。住民の情報を持っている自治体とフットワークの軽い民間団体が強みを出し合い、対等な立場で連携して活動していることが特徴です。食品や生活必需品を届けてくれるならば、子育て家庭も自治体のアウトリーチを受け入れやすいでしょう。自治体は、地域の事情に応じたアウトリーチの方法を模索すべきです。

余談ですが、支援を拒み、孤立していく様子は、本書の冒頭で紹介した「目黒女児虐待事件」でも見受けられます。二〇一九年九月初旬に、母親の船戸優里被告（二七）の裁判員裁判が、東京地裁で開かれました。結愛ちゃんに十分な食事を与えず、病院にも連れて行かずに死亡させ、保護責任者遺棄致死罪に問われた裁判。弁護側は、精神的なDVによって元夫の雄大被告（三四）に支配されており、機嫌を損ねて虐待がひどくならないよう、雄大被告に従わざるを得なかったと主張します。

一方、検察側は、雄大被告の娘への暴力を容認したほか、食事を与えず、関係機関の支援も排除して誰も助けられない状況をつくったと指摘しています（朝日新聞　二〇一九年九月九日）。

検察側の指摘に対し、優里さんは、次のように語っています（ハフポスト日本版　二〇一九年九月七日）。

証人の方の中では、私に「頼って相談してほしかった」という話があったんですが、あたしとしては、ああいう立場になった時に、**「助けを求める」一言が言えない**。

新聞各紙の詳報を拝見する限りは、優里さんには助けてほしいという切実な想いがあり、SOSも出していたように見えます。しかし、夫による精神的支配によって、恐怖と無力感から、助けを求める力を次第に失っていったのでしょう。結愛ちゃんを救うためには、優里さんを救う必要がありました。しかし、それが叶わなかった背景に、支援現場における人手や予算の不足、そしてDVと虐待がセットで生じることへの認識のなさがあるとしたら、結愛ちゃんを救えなかったのは社会の責任です。

†妊娠期からの切れ目ない支援

近年、母子保健分野で子どもの虐待予防の効果が期待されているのが、「妊娠期からの切れ目ない子ども・子育て支援」です。私は、この**切れ目ない支援によって、子どもが無園児になるのを防ぐことが可能**だと考えています。無園児家庭への切れ目ない支援の重要性については、第二章のインタビューで、PIECESの小澤いぶきさんや、かながわ国際交流財団の富本潤子さんも指摘されています。

切れ目ない支援は、フィンランドの「ネウボラ」がモデルになったと言われています。ネウボラは、フィンランド語で「アドバイスの場所」を意味します。ネウボラの特徴の一つは、所得によらず、サービスが無料であることです。もう一つは、すべての子育て家庭の家族全員を対象とするポピュレーションアプローチにより、身体面のみならず、精神面や家族問題など包括的にアセスメントし、家族のニーズに基づいたきめ細やかな支援を行っていることです。

ネウボラの肝は、担当保健師が一つの家族を継続して支援することで、互いに信頼関係を築きやすく、問題の予防や、早期発見・早期支援につなげていることです。担当保健師との篤い信頼関係があるからこそ、虐待やＤＶなどの問題を抱える家庭でさえも、担当保健師に助けを求めてくるそうです。

一方、日本では、妊娠から子育てまでワンストップ（一カ所）で支援する拠点「子育て世代包括支援センター」を、二〇二〇年度までに全市町村に設置することを目指しています（図3-1）。同センターは、保健医療・福祉の関係機関とも連携し、切れ目のない支援を提供します。根拠法は、改正母子保健法（二〇一七年四月施行）であり、設置が市区町村の努力義務になっています。子育て世代包括支援センターを構築するにあたり、「日本版ネウボラ」を標榜する自治体が増えています。

ただし、日本の保健師は配置転換があり、継続支援を行う上での課題を抱えています。また、これまでの日本の保健師活動は、虐待のリスクが高い家庭の母子を中心としたハイリスクアプローチに力点が置かれてきました。そうした経緯から、保護者の中には、「行政の保健師は、何か問題を起こした時にやってくる人」というマイナスイメージを持つ人もおり、いかに保健師を相談しやすい身近な存在にしていくかも課題になっています。

現在は妊娠中から三歳児健診までのあいだに何度か保健師との面談の機会がありますが、必ずしも十分ではありません。また、**保健師との接触が三歳児健診まででその後は途切れ**

図 3-1　子育て世代包括支援センターのイメージ

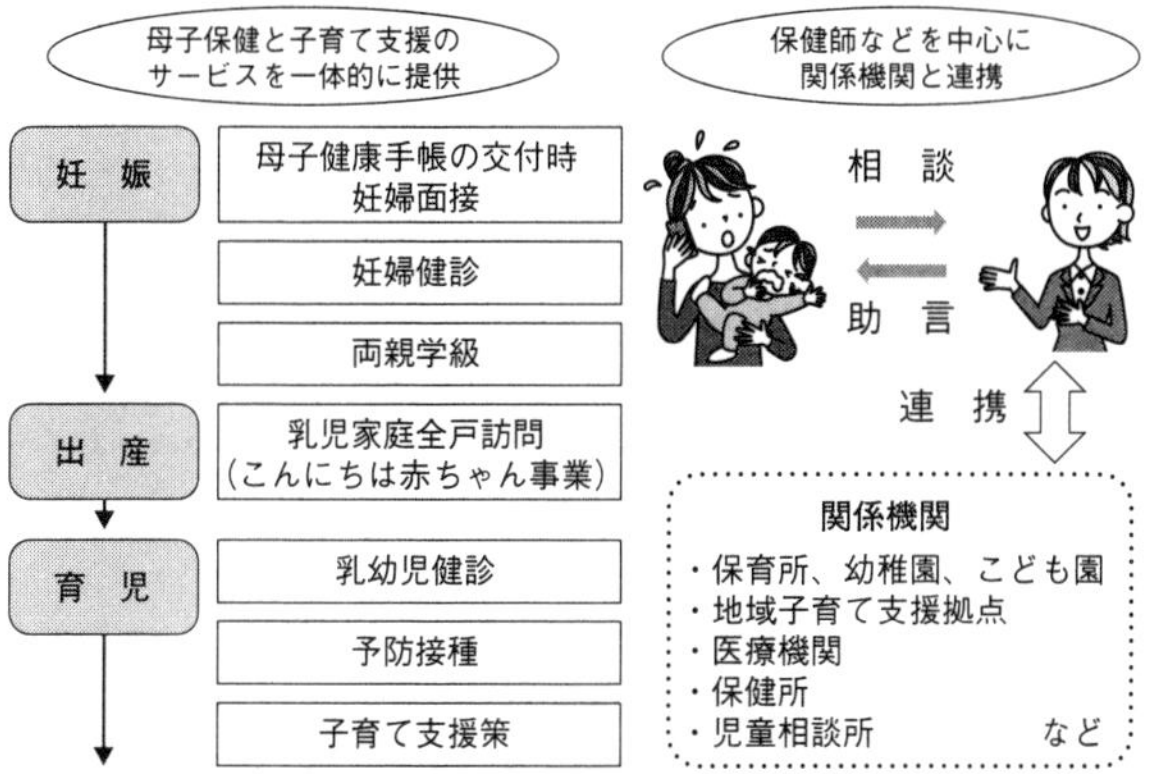

出典：内閣府「平成 29 年度少子化社会対策白書」(p.142, 第 2-2-2 図) を基に、著者作成

がちですので、**切れ目ない支援を三歳以降も実施すべきでしょう**。さらに、切れ目ない支援は、妊婦が市区町村に妊娠の届出をして初めて可能となりますが、**若年者や外国人の中には妊娠の届出を知らない方がいます。前者に対しては義務教育など、後者に対しては住民登録時などにおいて、妊娠の届出を周知する必要があるでしょう**。

（3）障壁を取り除く①——申請のハードルを下げる

保育園や幼稚園に入るには、申請が必要です。保育園の場合は自治体の窓口に、幼稚園の場合は園に直接行います。そのため、自分で保育園や幼稚園の制度の情報を集め、申請に必要な書類をきちんとそろえて申請する必要があります。

しかし、保育園や幼稚園の情報は、自治体のサイトで必ずしもわかりやすく公開されていません。また、園の利用案内冊子の多くは、役所用語が満載で分厚く、わかりにくくなっています。待機児童がいる地域の保育園の利用案内冊子は、特に煩雑です。不十分な保育の枠を争う保護者に対して選考の理由を客観的に示すために、利用調整の規定がかなり細かく書かれています。

さらに、申請に当たり、たくさんの書類をそろえなければなりません。保護者が記載する用紙だけでなく、就労証明書や主治医の意見書が必要となることがあります。私の経験では、申請用紙が複数あり、住所などの同じ情報を何度も書くことが求められたため、住所を書く練習をしているような気分になりました。

そのため、**ひとり親世帯でダブルワークをしていて忙しい、メンタルヘルスの問題を抱えている、日本語がわからないといった事情を抱えた保護者が、こうした複雑な情報を理解し、書類を整えることは、時間的にも、能力的にもハードルがかなり高くなります。言語の問題などで、そもそも情報にたどり着けない保護者や、仕事で忙しくて、窓口が開いている時間に相談や申請にいくことができない保護者もいます。**その結果、少数かもしれませんが申請が受理されるまえに脱落する保護者が出てきてしまいます。

原則として、行政サービスは、住民が窓口に申請に来ることを待ち、申請したのちに支援がはじまる「申請主義」の立場を取っています。任意団体「ポスト申請主義を考える会」（代表　横山北斗さん）は、申請主義によって制度や資源にアクセスできないケースが生じる問題への解決策として、次のような対策を提案しています。(7)

①自治体等が制度やサービスを必要としている住民へアウトリーチすることを法令や条例などで定め、実施に強制力を持たせること

②必要または適切なタイミングで情報提供を行うこと（例：出生届を出した時に、児童手当の情報提供を行う）
③住民が必要な情報を入手できるよう、自治体の情報発信を義務化すること
④手続きを簡素化すること
⑤専門職などによる申請プロセスへの伴走支援を行うこと

こうした工夫が行われるようになると、保育園や幼稚園への申請のハードルがずいぶん下がります。

国も何もしていないわけではなく、行政手続きの煩雑さを解消するべく、二〇一九年五月に行政手続きを電子申請に原則統一する「デジタルファースト法」を成立させました。この法律では、①個々の手続きをオンラインで完結させる「デジタルファースト」、②一度提出した情報は、二度提出することを不要とする「ワンスオンリー」、③複数の手続きを一度で終わらせる「ワンストップ」の三つを基本原則としています。

例えば、引っ越しをして、ネットで住民票の移動手続きをする際に、その情報をもとに水道やガス、電気の契約変更もできるようになります。今後、行政手続きの利便性が大き

く前進することが期待されます。

また国は、保育園に関しては保育コンシェルジュを設置し、保育園の利用に関する情報提供や相談など、保護者に寄り添いながら支援を行うことを自治体に求めています。しかし、保育コンシェルジュを設置する自治体は限られています（二〇一五年度で全体の一割程度）。

海外では、申請における保護者の負担を軽減することが、支援の一環として重視されています。スウェーデンでは、幼児教育施設への入園申請が、ホームページへの入力でできる自治体があります。また、イギリスでは、自治体が保護者向けに出している子育て支援に関する情報が、保護者にとって見つけにくく、わかりにくいことから、国が保護者への効果的な情報提供のあり方について検討しています(8)。

最近は、チャットボット（コンピューターが会話形式でサービスへの疑問に答えてくれるAIを活用した「自動会話プログラム」）のような技術の活用が広がっていますので、日本も、そうした技術を活用した保護者にフレンドリーな情報提供や申請のあり方を検討すべきでしょう。

(4) 障壁を取り除く②――多様な言語や文化への対応

†増加する、海外にルーツを持つ子どもたち

私たちの研究から、両親の一方あるいは両方が外国籍の子どもにおいて、無園児が多い傾向がみられました。日本では親の国籍によって子どもの国籍が決められる「血統主義」を採用していますので、両親の一方が外国籍の子どもは日本国籍を持ち、両親の両方が外国人の子どもは外国籍を持つことになります。子ども自身の国籍は違うものの、どちらも親子の**「言葉や文化の壁」を本質的な要因として、無園児家庭になっていると考えられます。**

現在の日本には、国籍や生まれた国を問わず、言葉や文化の壁で困っている子どもたちがたくさんいます。肌や瞳、髪の色の違い、日本ではあまり耳慣れない名前などによって

差別やいじめを受けて、悩んでいる子どもたちもいます。外国人支援に関わる人々は、こうした子どもたちを「海外にルーツを持つ子ども」と呼び、日本語教育や居場所づくりなどの支援を行っています。**「海外にルーツを持つ子ども」の正確な定義はないものの、一般的に「両親のどちらかあるいは両方が外国出身者である子ども」という意味**で使われています。

そこで本節は、対象を「海外にルーツを持つ子ども」に広げ、幼児教育の機会の保障について考えます。そのためにまず、外国人に関する基本的な統計を把握しておきましょう。

そもそも外国人とは、誰を指すのでしょうか？　出入国管理及び難民認定法（以下、入管法）によれば、外国人とは単純に「日本の国籍を有しない者」を指します（第二条の二）。生まれた国や言葉は関係なく、日本国籍を有する者が「日本人」ということになります。外国人は日本政府の許可（在留資格）を得た上で、日本に在留することができます。

第二次世界大戦前後より日本に居住する旧植民地出身者をオールドカマーといい、新たに来日した外国人をニューカマーと呼びますが、近年の外国人の増加は、ニューカマーの来日によるものです。現在、在留外国人の出身国で最も多いのは中国で全体の二八・〇％

図3-2　在留外国人の数の推移（1980年〜2018年）

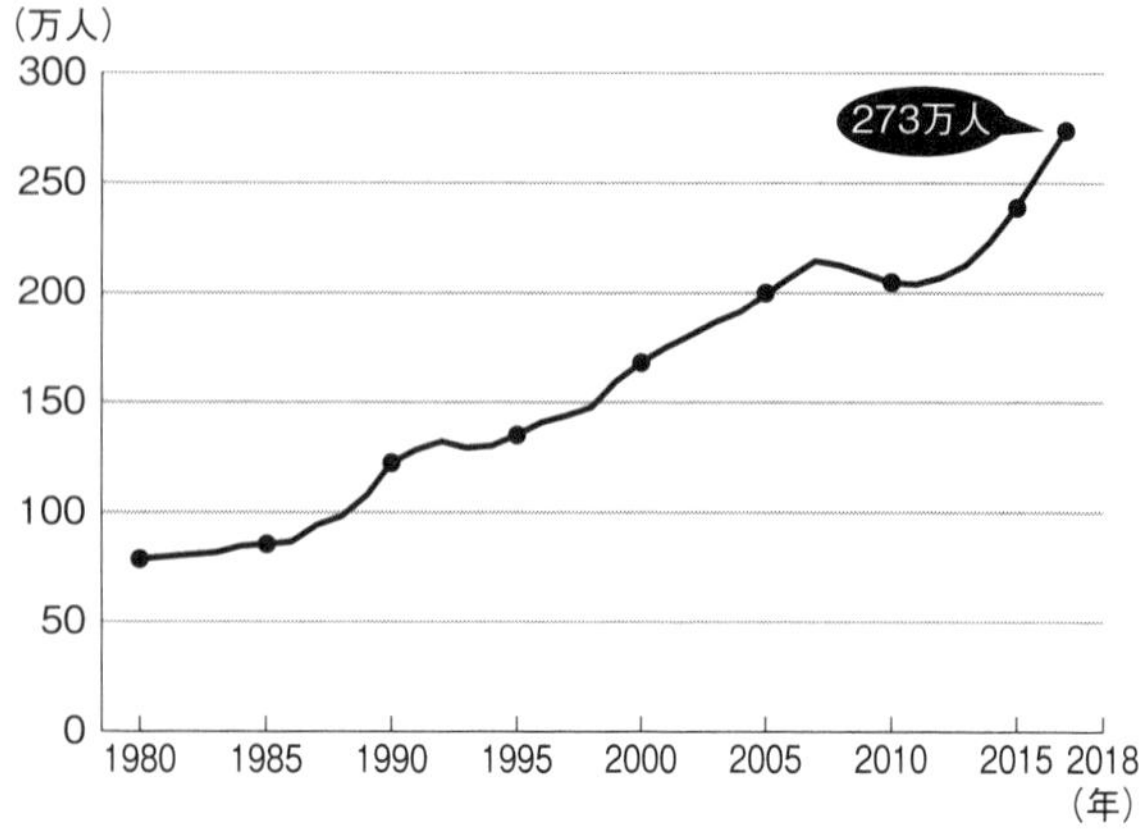

出典：法務省「在留外国人統計」など

を占め、以下、韓国（一六・五%）、ベトナム（一二・一%）、フィリピン（九・九%）、ブラジル（七・四%）の順になっています。

日本に在留する外国人の数は、一九八九年の入管法改正で日系三世まで定住資格が認められたことをきっかけに増加し、二〇一八年では二七三万人に達しています（図3-2）。**二〇一九年四月から施行された新たな在留資格「特定技能」では、介護や外食、農業などの人手不足が深刻な一四業種に五年間で最大三四万五一五〇人の受け入れが見込まれているため、在留外国人の数は今後さらに増加する**と見込まれます。

二〇一八年時点で、在留外国人の数が日本の全人口（一億二六四四万人）に占める割合は約二％です。この割合は今後、在留外国人の数の増加と、少子高齢化による日本人の数の減少によって、増えていくと予想されます。すなわち、国内における外国人の存在感が増していくと考えられます。

在留外国人が増えているといっても、「ほとんどは短期滞在で自国に戻るのだろう」と考える方もいるかもしれません。でも実際にはそうではありません。表3-2は、在留外国人の数を、在留資格別に示したものです。

このうち、在留期間が無期限の「永住者」や「特別永住者」が全体の四〇・一％を占めます。これに、在留期間の更新回数に制限がなく、事実上の永住も可能である「日本人の配偶者等」や「永住者の配偶者等」、「定住者」、「専門的・技術的分野」とそれに付随する「家族滞在」まで含めると、全体の七三・二％となります。したがって、**多くの外国人は長期滞在するという前提で、生活支援を考えていく必要があります。**

また、表3-2からわかるように、**多くの在留資格で、配偶者や子どもなどの家族の帯同が認められていますので、一緒に来日したり、来日後に生まれたりして、外国人の子どもも増えています。**法務省の「在留外国人統計」によれば、〇〜一九歳の在留外国人の数

表3-2　在留資格別の在留外国人の数（2018年）

			在留資格	在留期間	家族帯同	人数	構成比
入管法	活動に基づく資格	就労可	専門的・技術的分野	更新可	可	350,680人	12.8%
			技能実習	最長5年	不可	328,360人	12.0%
		就労不可※1	留学	更新可	可	337,000人	12.3%
			家族滞在	更新可	—	182,452人	6.7%
			文化活動、研修	更新可	可	4,268人	0.2%
			特定活動	一部更新可	一部可	62,956人	2.3%
	身分・地位に基づく資格		永住者	無期限	可	771,568人	28.3%
			日本人の配偶者等	更新可	—	142,381人	5.2%
			永住者の配偶者等	更新可	—	37,998人	1.4%
			定住者	更新可	可	192,014人	7.0%
			特別永住者※2	無期限	可	321,416人	11.8%

※1 資格外活動許可を受けた場合は，一定の範囲内で就労が認められる。
※2 入国管理特例法によって永住資格が認められている。

は、二〇〇八年の約二九万人から、二〇一八年では約三五万人にまで増えています。日本国籍の海外にルーツを持つ子どもについては、統計はないものの、同様に増えていると考えられます。

「両親の一方あるいは両方が外国人」である子どもの出生は、毎年三万五〇〇〇人前後で推移しています（図3-3）。これらの子どもの出生数が、日本の全出生数に占める割合は、年々高くなってきています。二〇一八年の出生では、二七人に一人が、両親のどちらかが外国人の赤ちゃんでした。

なお、近年増加傾向にある「技能実習」には、家族帯同は認められていません。また、新しい在留資格「特定技能」には、一

図3-3　両親の一方もしくは両方が外国人の子どもの出生数の推移（1995年〜2017年）

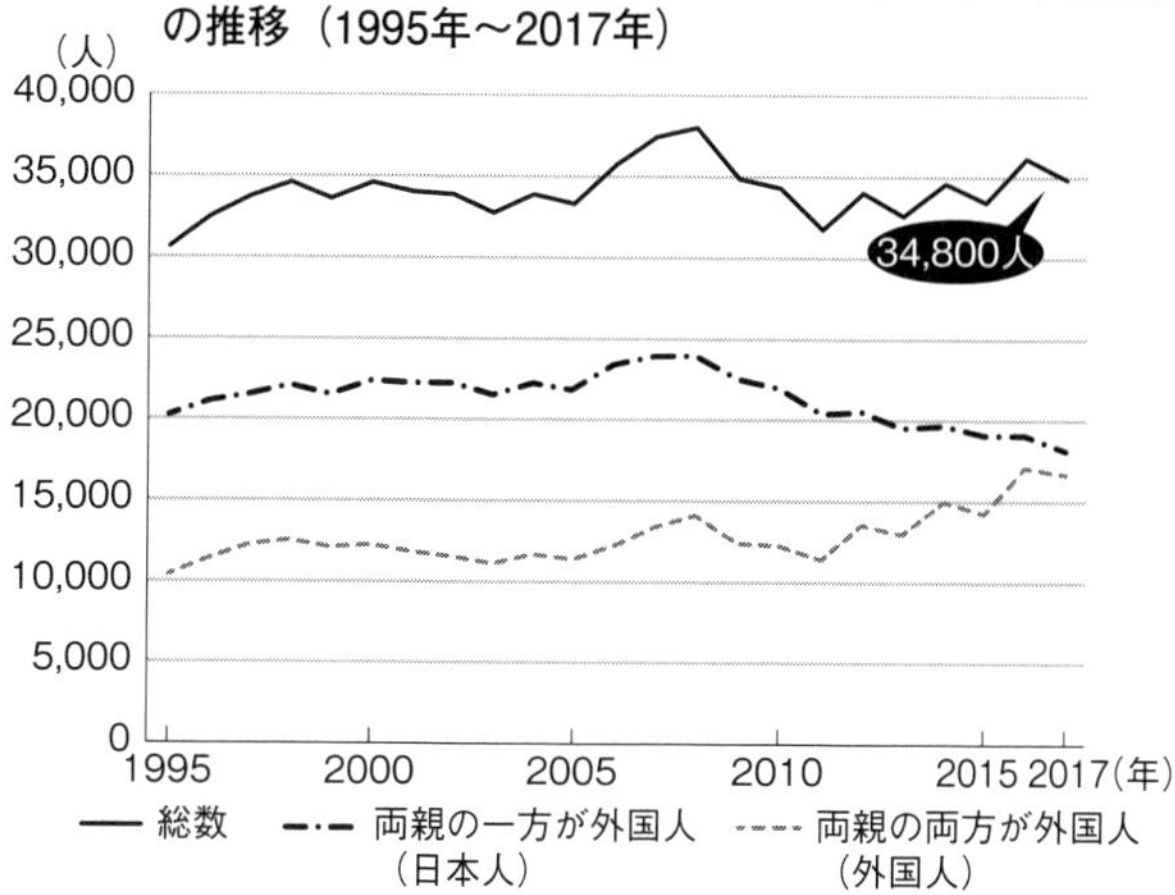

出典：厚生労働省「人口動態統計」

定の技能が必要な「一号」と熟練技能が必要な「二号」がありますが、一号には家族帯同が認められていません。

家族を帯同できる二号は、新資格の対象となる一四業種のうち建設業と造船・舶用工業に限られ、その他の業種は当面見送りになっていますので、この資格による外国人家族の増加は限定的でしょう。しかし、「技能実習」や「特定技能一号」での滞在中に、恋愛や結婚をして、子どもが生まれる可能性は十分にあります。

†就学の実態

二〇一九年四月に施行された改正入管

法をきっかけに、外国人労働者だけでなく、その子どもたちを取り巻く環境にも、フォーカスが当たり始めました。メディアを通じて、外国人の子どもたちの生活や教育の問題が浮かび上がり、支援のあり方をめぐる議論がにわかに活発になってきています。在留外国人の増加は少なくとも三〇年前から始まっていますので、以前からあったけれど私たちの無関心から埋もれていた問題が、ようやく日の目を見たということなのでしょう。

では、海外にルーツを持つ子どものうち、日本語がわからず、学校生活や勉強についていけない子どもはどのくらいいるのでしょうか。文部科学省の「日本語指導が必要な児童生徒の受入状況等に関する調査」(二〇一八年)によれば、公立小・中・高等学校等に在籍する外国人の子どもの数は、九万三一三三人で、そのうち日本語指導が必要な児童生徒の数は、四万四八五人でした。日本人で日本語指導が必要な児童生徒の数は、一万二七四人。両者を合わせると五万七五九人となり、二〇〇八年の三万三四七〇人から一〇年間で一・五倍まで増加しています。

日本語指導が必要な高校生の進学・就職状況は思わしくなく、高校生全体と比べ、中途退学率が七・四倍と高く、進学率は六割程度と低く、進学も就職もしていない率は二・七倍高いことが報告されています(図3-4)。日本語指導が必要な高校生のうち、就職する

図3-4　日本語指導が必要な高校生の進学・就職状況

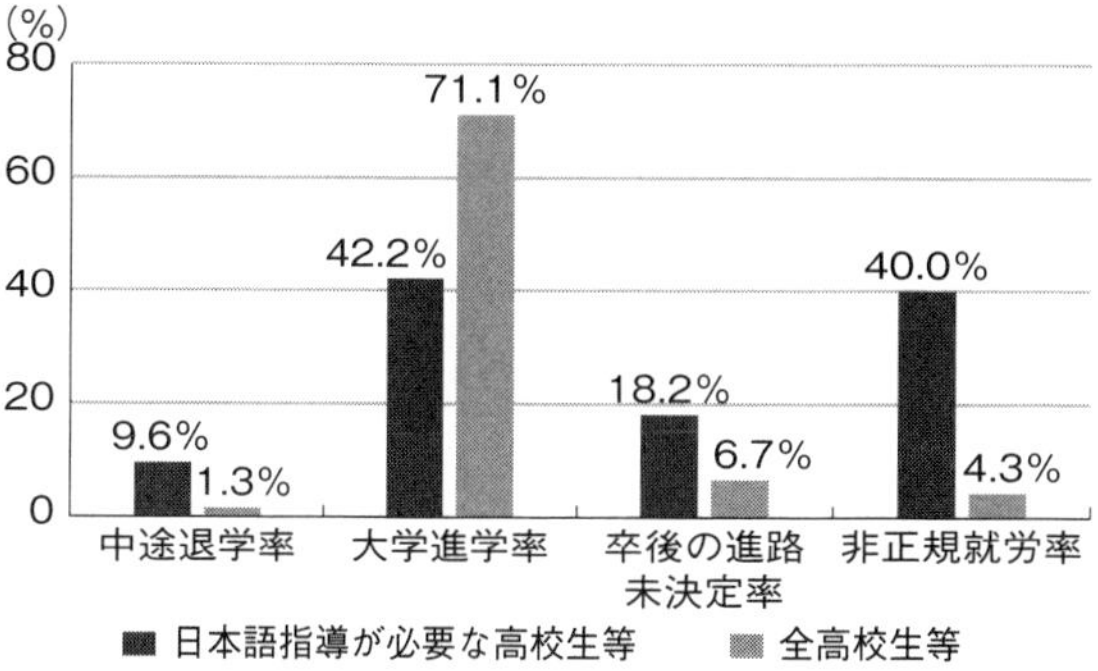

注：ここでの高校生等とは、公立の全日制・定時制高等学校、通信制高等学校、および中等教育学校後期課程で、特別支援学校高等部は除く。
出典：文部科学省「平成30年度　日本語指導が必要な児童生徒の受入状況等に関する調査」

生徒については、全高校生と比べ、非正規での就職率が九・三倍高くなっていました。つまり、**海外にルーツを持つ子どもたちは、進学や就職における可能性や選択肢が狭められ、将来的に貧困に陥るリスク（もともと貧困の場合は貧困が継続するリスク）を負っている**と言えます。

貧困のリスクを減らすためにも、学校での日本語教育が必要です。先ほどの文部科学省の調査によれば、日本語指導が必要な外国人の児童生徒の二一%、日本人の児童生徒の二六%が学校で日本語指導などのサポートを受けていませんでした。数にして一万強の海外にルーツを持つ子どもたちが無支援のまま放置されています。

外国人の子どもは「特別支援学級」への在籍率が高いという調査もあります。毎日新聞が文部科学省への情報公開請求により行った調査によると、外国人が多く住む二五市町の公立小・中学校に通う外国人の子どもの五・四％が、「特別支援学級」に在籍していました。二五市町の全児童生徒のうち特別支援学級に在籍しているのは二・五％で、外国人の子どもの在籍率はその二倍強でした。

日本語が苦手で知能検査の結果が低くなってしまう事情や、保護者が学校の説明を理解できないまま、特別支援学級への在籍に同意してしまうケースがあるそうです（毎日新聞二〇一九年九月一日）。実際に発達障害でない場合には、安易に障害と決めつけられたことで、学びの可能性を狭められてしまいます。

さらに驚くことに、そもそも就学していない子どもたちもいます。文部科学省は二〇一九年九月、**日本に住む外国人の子ども全体の一六％にあたる一万九六五四人が、小・中学校などに通っていない「不就学」の可能性がある**と発表しました。不就学の子どもが生まれるのは、外国人が日本の義務教育の対象になっていないためです。ただし、国際人権規約等により、保護者が公立小中学校への就学を希望する場合は、日本人と同じ教育を受ける機会が保障されています。

不就学の子どもの全貌はまだわかっていませんが、一部は自宅にこもって過ごしていると考えられます。保護者や子ども自身が就学を控えるケースがある一方で、自治体が「日本語がわかるようになってからの編入をおすすめします」と、受け入れを事実上断るケースもあるそうです（朝日新聞　二〇一九年一〇月一九日）。

こうした問題の背景には、自治体における予算や人員、ノウハウの不足があります。海外にルーツのある人が多く集まる地域では、教員が多く配置されたり、受け入れのノウハウが共有されたりしている一方で、そうでない地域では積極的な対応を取らない傾向にあります。文部科学省の調査でも、約三分の一の自治体が、外国人の子どもがいる家庭に小中学校入学前に就学案内を送っていませんでした。

二〇一九年六月、海外にルーツを持つ人々への日本語教育の充実を促す「日本語教育推進法」が成立し、国や自治体には日本語教育を進める責務、企業には雇用する外国人に教育機会を提供するよう努める責務があると明記されました。しかし、実際にはその対応は自治体まかせとなっています。**外国人の子どもがどの地域に住んでも「教育を受ける機会」が保障されるよう、政府主導で取り組むべきではないでしょうか。**

また、幼児教育の重要性に鑑みれば、小学校に入ってからの支援では遅いでしょう。でも残念なことに、就学前の支援は、小学校以降よりもさらに手薄になっています。**幼稚園にも保育園にも入れない海外にルーツを持つ子どもたちは、社会から孤立しがちです。日本語を学ぶ機会がなく、集団生活を経験する機会もないまま小学校入学を迎えれば、スタートの時点で大きく出遅れてしまいます。**

先生や友達と言葉が通じずに、集団生活になじめないことで、不登校になってしまうこともあるでしょう。不利の連鎖に陥らないためにも、幼児教育につないでいくことが重要です。

†幼児教育につなぐために

海外にルーツを持つ子どもたちを幼児教育につなげるために、何ができるでしょうか。その疑問に答えられるようなエビデンスはほとんどありません。ここでは、第二章のかながわ国際交流財団の富本潤子さんへのインタビューと、NPO法人青少年自立援助センター「YSCグローバル・スクール」（東京都福生市）のコーディネーターで保育士でもある山田拓路さんへの取材を踏まえ、可能な限りの提案をしてみたいと思います。

○母子保健と子育て支援における多言語・多文化への対応

日本に長く暮らしている外国人でも、日本語が上手く話せるとは限りません。外国人ばかりの工場で働いていたり、同じ国から来た人々のコミュニティだけで生活していたりすると、日本語が不自由でも生活ができてしまいます。でも、子育てについては、そうはいきません。日本語が不自由な外国人妊産婦は、「言葉の壁」によって、母子保健や子育て支援（保育園や幼稚園を含む）の情報から取り残され、充分に利用できていません。

そこで、**妊娠時からの切れ目ない支援により、外国人妊産婦が保健師とつながって、困った時は相談できる関係性をつくることが大切です。また、母子保健に関わる保健・医療・福祉職が、外国人に対応できるように、その養成課程で海外の生活習慣や宗教について学ぶなど、多文化共生の視点に立つ内容を取り入れることや、妊婦健診や出産に同行する医療通訳の養成も必要**です。

○申請書類の多言語化

日本語が不自由な外国人の保護者にとって、保育園や幼稚園の複雑な制度の理解は困難です。**保育利用に関する書類の内容をわかりやすくした上で、多言語化を行うと良い**でしょう。また、**手続きするときのサポートが必要**です。

○待機児童の解消

日本語が不得意な保護者は、保活では不利な立場に立たされがちです。また、外国人の場合、仕事を求めて引っ越しを繰り返したり、自国と行き来したりすることで、保活が何度もやり直しになることがあります。しかし、待機児童のいる地域では、年度の途中では保育園に入れないことがあります。待機児童となった場合、入園を待ったまま、小学校まで無園児になってしまうこともあります。こうした状況を根本的に改善するには、**待機児童を解消して、年度途中での入園が可能な環境を作っていく必要があります。**

○幼児教育施設における受け入れ態勢の整備

保育園や幼稚園の多くは、海外ルーツの子どもたちの受け入れに必要な人員やノウハウが不足しています。そのため、施設によって海外ルーツの子どもの受け入れに差が生じているようです。第二章のブラジル人の母親へのインタビューからも、そうした事情が窺えましたし、フィリピン人の母親からも次のような話を伺いました。

フィリピン人のPさん（四七歳）は、夫と実母、小学六年生と年中クラスの二人の娘と暮らしています。日本人の夫と結婚したのをきっかけとして来日しました。現在は年中の娘を幼稚園に通わせていますが、九時から一八時まで仕事をしているため、保育園に通わせたいと考えています。しかし、保育園の園長からは、空きはあるのに、そのまま幼稚園にいることを勧められています。その幼稚園では、外国人の子どもを多く受け入れているからです。

YSCグローバル・スクールの山田拓路さんは、岐阜県と協働で瑞穂市の保育園をフィリピン人スタッフと一緒に巡回支援をされた経験があるそうですが、やはり「保育士さんが、数名のフィリピン人の園児の対応で四苦八苦していた」ということです。

山田さんは、保育士の支援にあたり、「出身国がブラジルやフィリピンなど特定の国に限られる地域では、保育施設を巡回する通訳支援を行うと良いでしょう。一方、東京のように住民の出身国が多様な地域での巡回は難しいため、行政機関や福祉施設でやさしい日本語を使うよう推進する方が現実的です。予算もあまりかかりません」と提案しています。やさしい日本語とは、簡単な表現を用いたり、漢字にルビをふったりして外国人が理解しやすいようにした日本語のことです。

また、「バイリンガル保育士の雇用や、保育士の養成課程での多文化や宗教に関する知識を学べる教育も必要」だと言います。さらに、海外にルーツを持つ子どもに対応するのに必要な保育士が足りないために、保育士が疲弊していく状況がありますが、「東京都のように外国人児童の受け入れに加算（月一人当たり九〇〇〇円）をつけるのも一案」だということです。もちろん、園や保育士、幼稚園教諭の自己努力に頼るのではなく、多文化幼児教育のガイドラインを定めるなど、国レベルでの検討も求められます。

○多文化共生の幼児教育を目指す

保育士や幼稚園教諭自身が、海外ルーツの園児の文化的背景に関心を寄せ、理解しようとすることが何よりも大切です。そうすることで、その園児が保育士や幼稚園教諭によって受け入れられているという安心感を持ち、自分のルーツに誇りをもって自己を発揮できるようになっていけます。

また、これから日本には海外にルーツを持つ人々が増えていきます。多文化共生の土壌を作っていくことは、海外ルーツの子どもたちのためだけでなく、日本の社会の活力を維持するためにも必要なことであり、**子どもたち自身が、いろいろな国籍や文化を持つ子どもと当たり前に関われる環境を作っていくことが重要**でしょう。子どもは大人よりもずっと柔軟に、「互いの言葉や習慣の違い」を受け入れられるのではないでしょうか。

（5）障壁を取り除く③
――障害のある子どもや医療的ケアの必要な子どもへの対応

†障害のある子どもや医療的ケアの必要な子どもとは

私たちの研究では、早産や先天性疾患、発達の遅れのある子どもで無園児が多い傾向にありました。発達の遅れがそのまま障害を指すわけではありませんが、ここでは、障害のある子どもの幼児教育施設の利用について考えてみます。また、早産や先天性疾患とも関連する医療的ケアが必要な子どもも幼児教育につながりにくい状況に置かれていますので、併せて考えてみます。まずは、障害のある子どもの定義や、支援施設について基本情報を確認しましょう。

障害のある子どもとは、「身体障害」または「知的障害」、「精神障害」（発達障害を含む）、

「難病」を持つ子どものことをいいます（児童福祉法第四条）。内閣府の「平成三〇年版障害者白書」によると、一八歳未満の身体障害のある子どもは七万人、一八歳未満の知的障害のある子どもは二二万人、二〇歳未満の精神障害で病院に通院または入院している子どもは二七万人でした。

長期的にみた場合、身体障害のある子どもの子ども全体における割合に大きな増減はありませんが、知的障害や精神障害のある子どもの割合は増加傾向にあります。後者の増加は、障害の認知度が向上し、支援の受け皿も拡大しているためでしょう。

「発達障害」とは、生まれつきの脳機能の発達のアンバランスと、その人が置かれる環境とのミスマッチによって、社会生活に困りごとが生じる状態です。個性に近いもので、本人も周囲も困っていなければ、障害と呼ぶ必要もないのかもしれません。

発達障害は認知や行動の特性によって、主に次の三つのタイプに分類されます。①コミュニケーションが苦手で、特定の行動を繰り返したり興味の対象に偏りのある「自閉症スペクトラム（ASD）」、②読む、書く、計算するなど特定分野の学習のみに困難が生じる「学習障害（LD）」、③行動面に不注意や多動性、衝動性がみられる「注意欠陥・多動性障害（ADHD）」の三つです。

発達障害の子どもの特性は一人ひとり異なり、いくつかのタイプや知的障害を併存することがあります。二〇一二年の文部科学省による調査では、発達障害が疑われる子どもたちが、小・中学校の通常学級に約六・五％在籍していると推計されています。

乳幼児期は発達の個人差がとても大きい時期で、診断が難しいのが現状です。「気が散りやすい」「じっとしていられない」といった行動があったとしても、環境の影響によるものかもしれません。発達障害の特性があっても診断基準に満たない症状を示す場合には、「グレーゾーン」と呼ばれることがあります。また、幼児教育の現場では、「気になる子ども」という言葉が使われます。日本保育協会が二〇一六年に行った調査では、保育園全体の九割以上が、発達の遅れやコミュニケーションに関して「気になる子」がいると回答しています。

医療的ケアが必要な子どもとは、医療の進歩により、一〇〇〇g未満の超低出生体重で生まれた子どもや先天性疾患を持った子どもなどの救命が可能になったことを背景として、NICU等に長期入院した後、退院して自宅で過ごすために人工呼吸や酸素療法、経管栄

図3-5　医療的ケアが必要な子どもの数の推移（0～19歳）

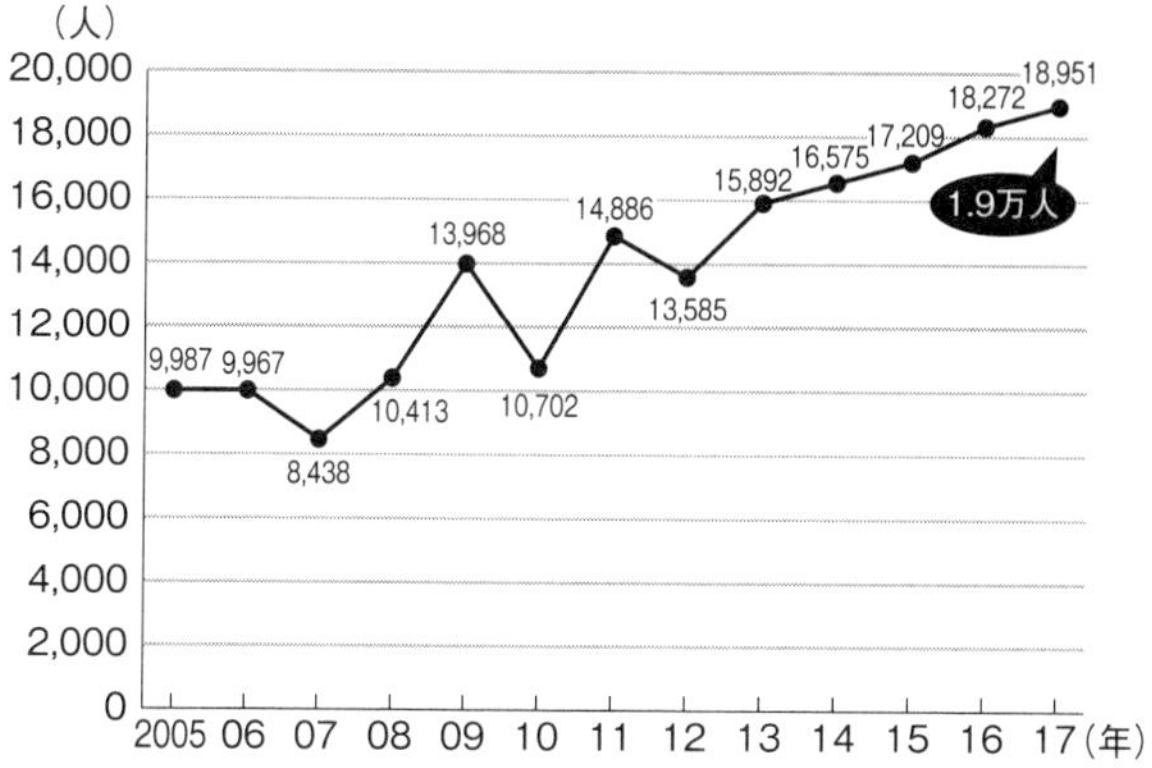

出典：平成30年度厚生労働科学研究費補助金障害者政策総合研究事業「医療的ケア児に対する実態調査と医療・福祉・保健・教育等の連携に関する研究（田村班）」報告

養などの医療的なケアを必要とする子どものことです。一概に医療的ケアが必要な子どもと言っても、歩行が可能な子どもから、重症心身障害で寝たきりの子どもまで、状態像はさまざまです。また、その子どもを取り巻く環境も、必要な支援もそれぞれ異なっています。

厚生労働省の研究班の調査によれば、全国の医療的ケアが必要な子どもの数は約一・九万人に上り、この一〇年間で倍増しています（図3-5）。こうした背景もあり、二〇一六年に児童福祉法が改正され、医療的ケアが必要な子どもを支援するため、市区町村には、保健、医療、保育を含む福祉、その他の関連分野との

図3-6　障害児保育の実施箇所数と受入児童数

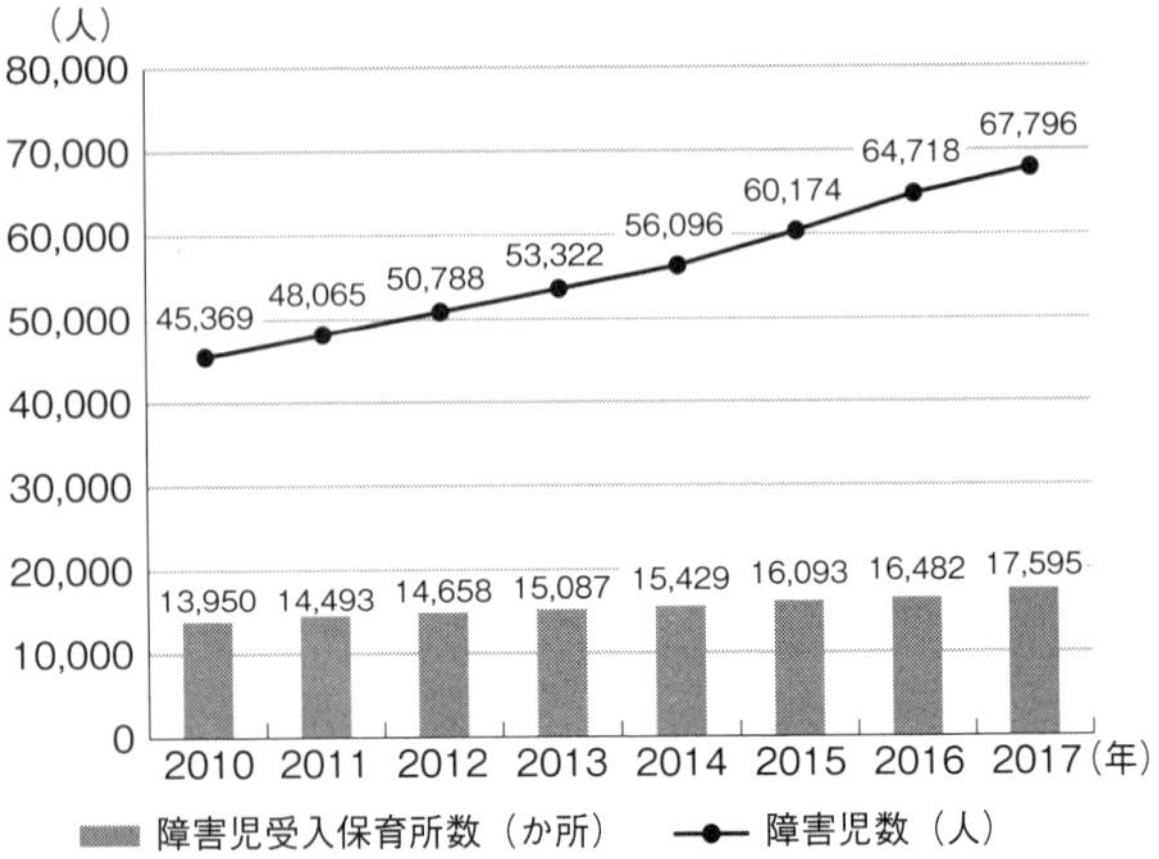

出典：厚生労働省子ども家庭局保育課「障害児保育の概要」

連携が努力義務とされました。

†障害児保育と児童発達支援

就学前の障害や医療的ケアのある子どもが日中を過ごすことのできる**通所施設には、子どもたち全般が通う幼児教育施設や、障害やその疑いのある子どもが通う「児童発達支援」があります。**

近年、障害児保育を行う保育園と受け入れ児童の数は増加しています（図3-6）。障害児を受け入れる保育園の多くは、特別な支援のための保育士を新たに配置（加配）して、子どもの特性に合わせた配慮を行いながら、障害のない子どもとの集団生活を支えています。

図3-7　児童発達支援の役割

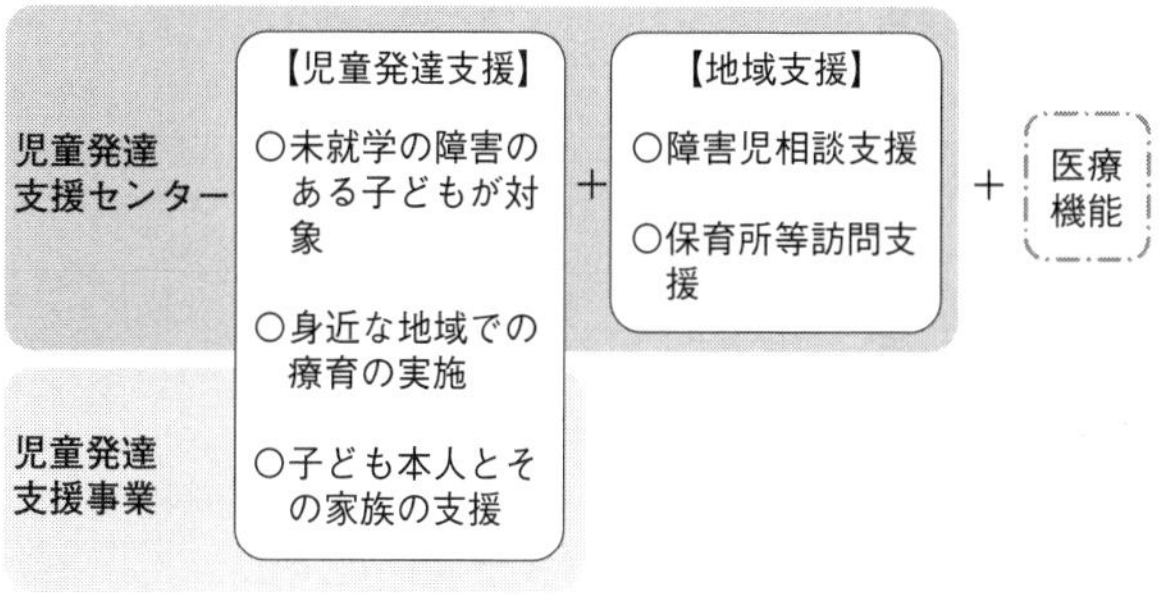

出典：厚生労働省「障害者支援の強化について」より著者作成
https://www.mhlw.go.jp/seisakunitsuite/bunya/hukushi_kaigo/shougaishahukushi/kaiseihou/dl/sankou_111117_01-06.pdf

保育園と同様に公立幼稚園では、多くの自治体が加配制度を採用しています。私立幼稚園でも、自治体から特別支援教育のための補助金を受けることができますが、この補助金だけでは、加配教諭の雇用をカバーできないのが現状です。そのため、私立幼稚園では加配教諭を配置して、障害児を受け入れるハードルが高くなっています。

児童発達支援は、障害やその疑いのある未就学の子どもを対象とした療育施設です。食事やトイレ、着替えなど「日常生活で必要なスキル」や、挨拶をする、順番を待つなど「集団生活で必要なスキル」を学びます。児童発達支援は、保育園等訪問支援や相談支援機能を持つ「児童発達支援センター」とそれ以外の「児童発達支援事業」の二つにわけられます。児童発達支援センターには、医療的な機能を持つところもあります（図3-7）。

児童発達支援には、公的機関と民間事業所による施設があり、保育園や幼稚園の代わりとして毎日通うタイプから、週に何日か通い療育を受けるタイプなど、子どもの状態や施設によって受けられるサービスは様々です。

児童発達支援を受けるには、「受給者証」が必要です。手帳がなくても、児童相談所や医師などから療育の必要性を認められれば、受給者証が市区町村から発行されます。子どもや保護者の状況や環境、ニーズなどをふまえて、受給者証で受けられるサービスの量（月当たりの利用日数の上限）が決められます。受給者証があれば、一割の自己負担で利用できますが、二〇一九年一〇月に開始した幼児教育・保育の無償化により、利用料は無償化されています。

障害やその疑いのある子どもが、就学前にどのような対人的、物理的刺激を受けながら生活するかは、その後の発達の可能性を広げる上でとても重要です。幼児教育と療育は重なる部分もありますが、重視する点が異なります。前者は、「集団」の中での育ちを重視し、後者は、その子の特性に応じた発達支援など「個」に力点が置かれます。

保育園や幼稚園一本で行くのか、児童発達支援を併用するのか、児童発達支援一本で行くのか、どのような環境が子どもの成長にとってベストかを、悩む親は多いでしょう。厚生労働省の「児童発達支援ガイドライン」（二〇一七年）では、**地域社会へのインクルージョンの観点から、可能な限り、三歳以降は保育園や幼稚園に移行することが勧められています。**

三歳以上の障害のある子どもの場合には、個の成長と、子ども相互の関係や協同的な活動が促されるよう配慮しながら支援を行うとともに、地域社会への参加・包容（インクルージョン）を推進する観点から、できる限り多くの子どもが、保育所や認定こども園、幼稚園の利用に移行し、障害の有無にかかわらず成長できるように、児童発達支援センター等においては児童発達支援計画を組み立てる必要がある。（厚生労働省「児童発達支援ガイドライン」より）

しかし、**保育園や幼稚園へ移行できるかどうかは、受け入れ態勢に大きく左右されます。**

現状では、障害が重度な子どもや医療的ケアが必要な子どもは、保育園や幼稚園で受け入れられないことがほとんどです。第二章で紹介した歩行が可能な医療的ケア児のTちゃんのケースのように、保育園や幼稚園にも、児童発達支援にもつながれない、制度の狭間に落ちている子どもたちもいます。さらに、自治体によって、障害児保育や児童発達支援の受け入れ態勢に差があり、第二章の発達障害グレーゾーンのY君のように、幼稚園への入園を断られるケースもあります。

†支援の地域格差

児童発達支援や障害児保育の受け入れ態勢は、自治体や施設によってどのように違うのでしょうか？　さまざまな自治体のサイトを調べてみましたが、よくわかりません。第二章のTさんへのインタビューで、自治体でどういう支援を受けられるか、わかりやすく情報公開されていないという話がありましたが、「本当だなあ」と実感しました。

そこで、東京慈恵会医科大学の井上祐紀准教授（児童精神科医）が、横浜市南部地域療育センターで所長をご経験されたことがあるとのことで、児童発達支援センターの現状について話を伺いました。

「児童発達支援センターは、全ての市区町村にあるわけではありません。設置義務がないからです。都道府県にいくつかあって、全体をカバーしている地域が多いでしょう。そのため、通園療育を受けるために、とても遠くに通わなければならないことがあります。また、**医療的機能を持つセンターもあれば、ないセンターもあり、機能格差があります。**提供されるサービス内容も、自治体によってばらつきがあります」

どの地域に住んでも、通える範囲に児童発達支援センターがあるとは限らないようです。通所できる障害の程度についても、井上先生に伺いました。

「市区町村の予算に応じて、受け入れ枠が決まっています。基本的に知的障害の重い子どもから優先して利用が決まっていきますが、枠が一〇〇しかない時に、知的障害の子どもが一二〇人いるとすると、二〇人は利用できません。そもそも今は、出生数の一〇%が児童発達支援センターに訪れる時代だと言われていますので、どの地域でも通園の枠は充分ではありません」

だとすると、同じ子どもでも、予算を多くつけている地域では療育を受けられて、そうではない地域では受けられないということが起きえます。私が親なら、地域で差があることに混乱しそうです。力がある親でないと療育にたどり着けないのではないでしょうか。

「親御さんの意識が高く、さまざまなサービスにつながっていける家庭がある一方で、精神疾患などの社会的な不利を抱えていて、疲弊して、サービスにつなげる力すら残っていないような家庭もあります。そうした家庭は外に出られずに孤立していますので、家庭にこちらから出向く〝訪問支援事業〟が必要だと考えています」

井上先生の話から、児童発達支援は、全国どこでも等しく同じようなサービスを受けることができるよう、均てん化されていないことがわかりました。次に、障害児保育についてはどうでしょうか。

みずほ情報総研が二〇一六年に、全国の市区町村の保育所管理課を対象に行った調査によると、**障害児保育での受け入れ方針や加配基準は様々で、そもそも明確な方針や基準を**

持たない場合も一定数存在するなど、住んでいる自治体によって障害やその疑いのある子どもが保育を受けられるかどうかに差がみられるということです(9)。

具体的には、保護者からの申請があった場合に、「障害児保育」として受け入れる基準について、七八%の自治体が「障害者手帳を有すること」、六八%が「医師の診断書があること」と回答しました。一方で、三七%の自治体がそれらの基準だけではなく、「年齢(三歳児以上)」や、「障害の程度(主に中程度まで)」、「集団保育が可能であること」、「医療的ケアの必要性がないこと」など、独自の基準も設けていました。なお、保護者からの申請がなくても、保育園や関係機関の情報をもとに、障害児保育を自主的に実施する自治体もありました。

また、公立保育園の場合は、七九%の自治体が「全ての園で障害児を受け入れる」という方針を示していました。一方、私立保育園ではこの割合は四六%に下がり、代わりに「個別の保育園の対応方針に委ねる」との回答が三六%に上りました。

加配については、障害の程度を問わず一律の基準を設けている自治体が二八%、障害の程度によって基準を分けている自治体が二二%でした。また、具体的な基準を設けていない自治体が最も多く、全体の四三%を占めていました。なお、加配の基準については、保育士一人当たり障害のある子ども一人から三人とする自治体が八割近くを占めました。

　こうした状況下において、二五％の自治体が、「保育園に入れなかった障害やその疑いのある子どもがいた」と回答しました。しかし、この値は過小評価されていると考えられます。保育園の利用条件として、障害が中程度であることや、医療的ケアのある子どもが不可であることが明記されていた場合、申請することすら諦めてしまう保護者もいると考えられるため、潜在的にはもっと多いとみられます。

　同調査は、**障害児保育を受けられない子どもが発生する背景には、財政が厳しい市区町村では、加配のための予算を充分確保できないという事情や、保育士不足により加配の職員を確保できないといった事情がある**と考察しています。

　以上より、児童発達支援と同様に、障害児保育も、全国どこでも等しく同じようなサービスを受けることができるように均てん化されてはいないようです。

　医療的ケアの必要な子どもへの支援は、一部の市区町村で先駆的に取り組んでいるというのが実情です。厚生労働省の調査（二〇一六年度）では、保育所に通う医療的ケアが必要な子どもは三二三名、施設数でみると二九二カ所でした。大阪府の受入数が最も多く、

図3-8　都道府県別にみた保育所における医療的ケアが必要な子どもの受け入れ状況

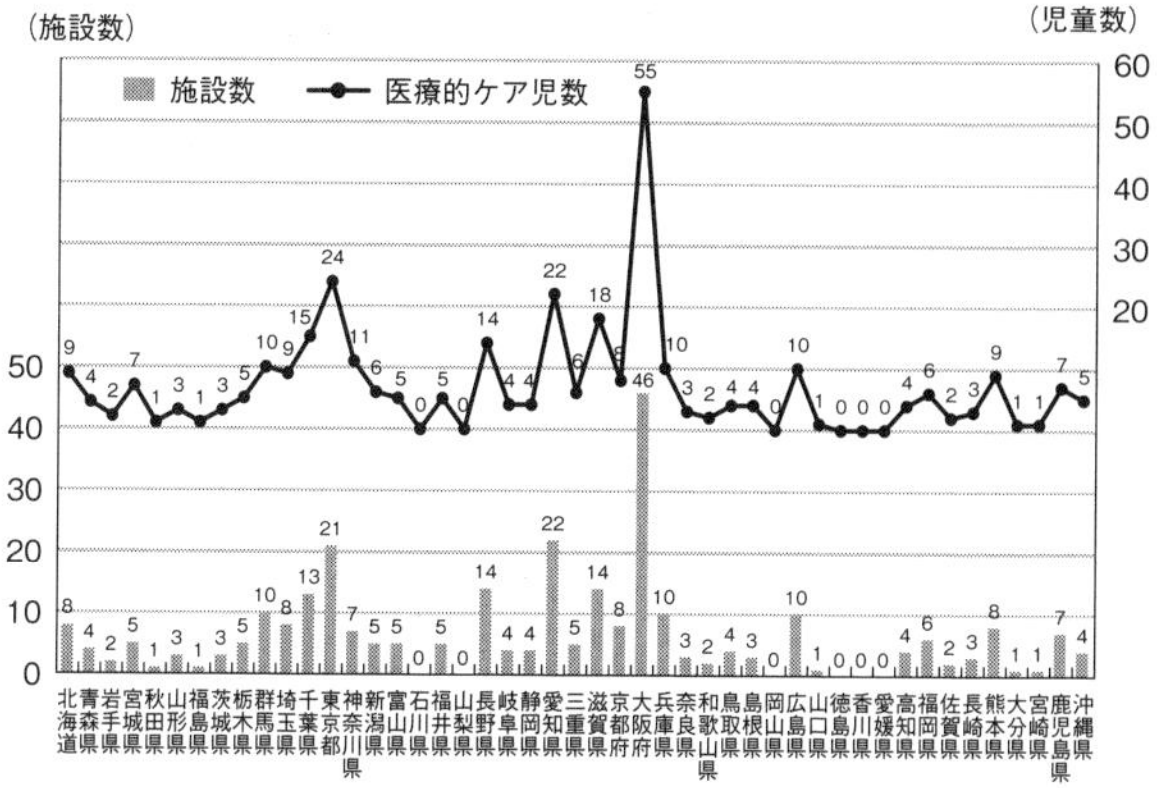

出典：厚生労働省「平成28年度　保育所における医療的ケア児の受入状況」平成30年度医療的ケア児の地域支援体制構築に係る担当者合同会議での行政説明資料

五五カ所、四六人であった一方、石川県、山梨県、岡山県、徳島県、香川県、愛媛県の六県は受入実績がありませんでした(図3-8)。

医療的ケアが必要な子どもを受け入れるにあたり、看護師の存在が欠かせません。しかし、全国保育協議会が二〇一六年に実施した調査によると、看護師を配置している保育園や認定こども園は、全体の約三割程度にとどまっています。

こうした状況を受けて、厚生労働省は二〇一七年度から「医療的ケア児保育支援モデル事業」を開始し、看護師の配置といった、医療的ケアが必要な子どもを受け入れるための体制整備に対する補助を行っています。このように、医療的ケアが必要な子どもへの支援は、まだ萌芽期にあると言えます。

†幼児教育につなぐために

なぜ、保育園や幼稚園に通えないことがよくないのでしょうか。

まず入園を希望しているのに障害を理由として入園を拒否されることは、障害を理由とする差別を禁止する「障害者差別解消法」に反する可能性があります。

また、子どもの発達や親の社会生活にも不利益があります。繰り返しになりますが、幼児期は、生涯にわたる人間形成の基礎が培われる大事な時期です。三歳以降では、子どもや大人との集団生活を通じて、子どもは多くのことを学びます。しかし、幼児教育を受けられない子どもたちは成長する機会が乏しく、そのことは、小学校生活への準備の不足にもつながります。

児童発達支援は空きがなく利用できなかったり、短時間しか利用できなかったりすることがあります。また、そのことによって、保護者（主に母親）は外で働くことが難しくなり、生活費や教育費を得ることも難しくなります。生活が困窮してしまうこともあります。

さらに、そうした保護者は保育園や幼稚園、就労を通じて社会と接点を持つことなく、家庭で子どもと一緒に孤立してしまうこともあります。

では、障害や特別なケアが必要な子どもたちを幼児教育につなぐために何ができるのでしょうか？　残念ながら、その疑問に答えうるエビデンスが乏しいため、当事者や幼児教育現場への取材も踏まえ、考えうる対策を提案してみます。

○地域格差の解消

障害のある子どもや特別なケアが必要な子どもが、ひとりも取り残されることなく支援を受けられるように、国はこれまで通り自治体の裁量を一定程度認めつつも、**障害児保育や児童発達支援、医療的ケア児への支援の均てん化を図るべき**ではないでしょうか。

○医療・保健・福祉の関係機関による連携や情報提供

医療・保健・福祉の関係機関が連携し、当事者を支える体制を整えていくことが大切でしょう。また、**関係機関において、幼児教育や児童発達支援を含む「社会資源」に関する情報提供があると、親御さんは助かる**のではないでしょうか。医療・保健・福祉の専門職の養成課程で、各種施設や支援制度に関する社会資源の知識を教える必要があります。

私は、医学部の公衆衛生学の教員ですので、医師や保健師、看護師の卵に、社会資源に関する講義を行っています。しかし、学部生のうちは臨床に関心が強く、公衆衛生学は残念ながらあまり人気がなく、講義で社会資源とか連携とか言われてもピンとこない学生さんが多いので、実習形式で教えるなどの工夫が必要だと感じています。

○幼児教育施設における受け入れ態勢の整備

保育士や幼稚園教諭などが障害や医療的ケアの知識やスキルを得るために、養成課程で学ぶことに加え、研修の機会を作って継続的に学ぶ必要があるでしょう。また、**障害のある子どもの受け入れには保育士や幼稚園教諭の加配が、医療的ケアの受け入れには看護師の配置が必要となることが多いのですが、予算と人手不足がネックになっていますので、改善していく必要があります**。保育士が不足している現状において、加配の保育士を確保するのは大変です。根本的には保育士不足の解消が必要でしょう。さらに、施設のバリアフリー化などの環境整備ももちろん必要です。

（6）インクルーシブな社会へ

　ここまで、就園の障壁とそれを取り除くための対策について考えてきました。障壁は大きく分けて三つありました。まず、制度の壁です。幼児教育の制度は整っていても、予算や人手の不足によりサービスの量が十分ではありません。また、そもそも制度を知らなかったり、知っていても利用申請のハードルが高かったりということで、利用につながらないことがあります。

　次に、施設の壁です。幼児教育施設の中には、多様な言語・文化や障害に対応するためのノウハウや人手が不足しているところがあります。最後に、意識の壁です。貧困、海外ルーツ、障害などの属性を持った子どもたちが就園できない背景には、「みんなと違う子どもは就園できなくても仕方がない」とか、「子どもに病気や障害があれば親の責任で面倒をみるべき」といった意識も影響しています。

「幼児教育・保育の無償化」が始まりましたが、無園児は無償化の恩恵を受けることができず、取り残されています。無園児は幼児教育の発達への効果が最も見込める子どもたちにもかかわらずです。無償化は全世代型社会保障の一貫として行われますから、誰一人取り残さない努力が必要です。国や地方行政は、本書の提案をたたき台として、障壁を取り除くための対策を考え、実行してほしいと思います。

この「誰一人取り残さない――No one will be left behind――」という思いは、「持続可能な開発目標（SDGs : Sustainable Development Goals）」のスローガンになっています。SDGsとは、二〇一五年の国連総会において採択された、持続可能な社会の実現のために二〇三〇年までに達成すべき世界共通の目標のことです。「貧困をなくそう」、「すべての人に健康と福祉を」、「質の高い教育をみんなに」、「人や国の不平等をなくそう」などの無園児の問題とも関係する一七の目標が立てられています。日本もこの目標に対してさまざまな取り組みを行っています。

私は、SDGsを意識して研究を始めたわけではありません。でも、研究を行いながらずっと抱いてきた、次世代を担う子どもたち一人ひとりを大切にしたい、弱い立場に置かれやすい親子の声を可視化したいという思いは、ＳＤＧｓの「誰一人取り残さないインクルーシブな社会の実現」という理念に重なるのだと後々気づきました。

「誰一人取り残さないインクルーシブな社会」とは、どのような社会でしょうか。それは、年齢や性別、障害の有無、国籍・言語、社会経済的状況を問わず、多様性を認め、誰も排除しない社会です。インクルーシブな社会の実現には、困りごとを抱えた個人が社会環境に合わせるのではなく、社会環境をその個人に合わせることが求められます。また、社会的に最も弱い立場の人たちが社会制度や資源にアクセスできるように、申請や受け入れ態勢などあらゆる面に配慮がなされなければなりません。

当然、社会の一部である幼児教育の現場でも、多様な背景を持った子どもが当たり前にいることが前提となります。いろいろな子どもたちが一緒にいる環境を作ることで、子どもたちは互いの違いを認め合い、違いを踏まえて他人と関わる寛容さを身につけていくでしょう。また、子どもたちは違いがあることによって、互いに刺激を受け、豊かな学びを得ていくでしょう。乳幼児期でいろいろな人と関わった経験が、共生社会の形成につながっていくことは言うまでもありません。

社会をインクルーシブにしていくためには、就園の三つの壁の中でも、私たちの意識を変えていくことが何より大切でしょう。未来の社会を作っていく子どもたちは、私たち大人の背中を見て育つからです。意識を変えるといっても、なかなか自分事として考えられないかもしれません。でも、寛容で優しい社会は、私たちに病気や障害など、何か困りごとが起きた時にも支えてくれるはずです。インクルーシブな社会を作っていくということは、私たち自身の問題なのです。

子どもの貧困の研究をしていると、貧困に対する大人の意識は少しずつ変わってきているように感じています。以前は、貧困は自己責任という認識が蔓延していましたが、社会構造の問題だと捉える方が少しずつ増えています。それはおそらく、子どもの貧困に関して本やメディアで情報が広がり、多くの人が実態を知ったからでしょう。

偏見や排除は相手のことをよく知らないことや、一緒に過ごしたことがないところから、生じるように思います。取り残されやすい人々の実態を知り、自分事として想像や考えを巡らしたり、関わろうとしたりすることで、意識が少しずつ変わっていくことを期待します。

【特別対談】

幼児教育「義務化」がなぜ必要なのか？

駒崎弘樹×可知悠子

駒崎弘樹（こまざき・ひろき）
一九七九年生まれ。慶應義塾大学総合政策学部卒業後、二〇〇四年にNPO法人フローレンスを設立。日本初の「共済型・訪問型」の病児保育サービスを開始。その後も、「おうち保育園」、「障害児保育園ヘレン」、「障害児訪問保育アニー」、「フローレンスの赤ちゃん縁組」事業を次々にスタートさせ、日本の保育・児童福祉制度を民間から改革している。公職としては、二〇一〇年より内閣府政策調査員、内閣府「新しい公共」専門調査会推進委員、内閣官房「社会保障改革に関する集中検討会議」委員などを歴任。現在、厚生労働省「イクメンプロジェクト」推進委員会座長、内閣府「子ども・子育て会議」委員を務める。

1　義務化の意義は何か

†最も厳しい環境にいる子どもたちこそ幼児教育が必要

可知　駒崎さんがブログで、「幼児教育無償化まで行ったならば、親は子どもが三歳以降になったら保育園か幼稚園に通わせなければならないという義務化に歩を進めるべき」という主張をされていました。SNS上ではかなり賛否両論があったかと思います。

私は、義務化には無園児を幼児教育につなぐ効果が期待できる、と思っていますので基本的には賛成です。ただ、日本の制度上、義務化には様々なハードルがありますので、その辺りの話は後でしたいと思います。

まず初めに、駒崎さんは幼児教育義務化の意義をどのようにお考えでしょうか。

駒崎　ヘックマンという経済学者が、就学前に幼児教育を受けることが、その子どもたちのその後の人生において、可能性を伸ばし、そして様々なネガティブな影響を軽減できると（ジェームズ・ヘックマン　ノーベル賞受賞経済学者『幼児教育の経済学』〈東洋経済新報社〉にて、五歳までの教育が重要であると説いている）主張しています。しかし今は、保育園等にたまたま通える家庭環境にある子どもは、そうした幼児教育を受けられるけれども、そうじゃない子どもはその網からこぼれてしまうという状況です。

そして、可知先生たちの研究で、こぼれた子ほど実は幼児教育が必要だったということがわかりました。大変意義深い研究だったと思います。最も弱い立場にいる、最も厳しい環境にいる子どもたちこそ幼児教育の恩恵を受けねばならないわけで、だとするなら義務化するしかないのではと考えます。

そして、無園児になってしまった理由の一つが、そこにかかる費用だったのではないかと、これまで僕は考えています。しかし、二〇一九年一〇月から幼児教育無償化によって、保育料や幼稚園の費用がかからなくなり、経済的な理由で通わせられないというハードルはなくなった。それなら、義務化をぜひ進めたいということです。

可知　おっしゃる通りですね。

駒崎　「みんなが行くようにしましょう」と言っても「いや、お金払わなきゃいけないよね」となっていたと思います。保育園は所得がとても低ければ無料で行けますが、幼稚園はそうではなく、経済的にはみんなが行ける状況ではありませんでした。その前提がなくなりましたので、大きなチャンスではないかというのが僕の意見です。

†なぜ無償化では不十分なのか

可知　今回の無償化によって、経済的な理由で保育園や幼稚園に入っていない無園児が入れるようになるだろうという意見が政治家の方からは出ています。無園児を幼児教育につなげるにあたって、なぜ無償化では不十分で、義務化が必要なのかということを検討したいと思います。

駒崎　無償化は、「費用を払わなくて済みます」ということにすぎないわけですよね。ハードルは下がったけれども、行かなくてもいいという状況は変わっていない。親は、子どもを幼稚園、保育園に行かせなくてもなんら問題はないのです。ということは、親が必要性を感じていないとか、あるいは親が精神疾患である等の理由で養育不全の家庭が、「いいよ、別に子どもに教育なんて」と思ってしまったら、その子の機会は失われるという状況になるわけです。

ですから、子どもが幼児教育の恩恵を受けることにおいては、親の意識というハードルが、経済的なものの他にあるわけです。子どもにとってはアンコントローラブルな要素によって将来が決まってしまうのは、少なくともフェアではありません。親がどういう考えであろうが幼児教育に行かせるためには、義務化じゃないといけないのではないかということですね。

義務教育は、基本的に親がどうであろうが小学校、中学校には行こうよということです。なぜならばそれは社会にとって必要だから、というロジックで国民の自由を制限しているわけです。小・中学校と同様に、幼児教育がより今後の社会において重要だという認識が高まってきた今こそ、義務化していく必要があるのではないかと思います。

可知 私もほとんど同感ですけれども、一般の方には、いろんな問題を抱えている家族の事情が想像しづらいのかなと思っています。例えば、貧困や虐待、DV、親の精神疾患、子どもの発達障害などがいろいろ絡み合っている家庭が、「幼児教育が無償化されたんだ。無料で行けるんだね、ラッキー。じゃあ、行くことにしよう」とはならないとイメージできるようになってほしいと思っています。

駒崎 まさにそうですね。

可知 おそらくそういった家庭の親の中には、自分自身がネグレクト状態で育ってきたりしていて、幼稚園や保育園に通った経験がないことから、入れるという発想にはならない方がいると思います。他には、通わせるのに少しでもお金がかかるのだったら、他のものに使いたいと考える家庭もあると思います。ですから、そういった家庭は、「無償化だけでは入らない」という理解を広めたいですね。

駒崎　そうですね。例えば外国人家庭は、小学校、中学校の義務教育から外れています。対象外になっているために、不就学の可能性のある外国籍児童が二万人ほどいるということが二〇一九年九月二七日発表の文科省調査で分かりました。義務化をしないと、そういう状況になるのです。

義務教育も受けていない外国人が、日本で住み続けるとどうなるか。結局行き場所がなく、アンダーグラウンドな仕事であるとか、さまざまな負の力に誘引されてしまう可能性がとても高くなります。それはその子どもの人生にとってもマイナスですし、社会全体にとっても、治安が悪くなるとか、さまざまな負の要素をもたらしてしまう可能性があります。ですから、しっかり社会に包摂するためには義務化していかないといけない。

必ずしもすべての家庭が「子どもの幼児教育必要だよね、通わせなきゃ」と思うわけではないんです。特に、難しい環境にある家庭ほどそうは思わなかったり思えなかったりするので、そうした家庭の親にも「三歳になったら自動的に行くものです」としていくべきだと思うんですね。

†フランスは義務教育を三歳からに引き下げ

駒崎　二〇一九年から、フランスでは義務教育を三歳からに引き下げたというニュースがありました。実は、フランスには保育学校という、日本の幼稚園プラス保育園みたいなところがあり、そこに通う子どもたちは九割を超えていました。ですので、義務教育を六歳から三歳に引き下げても、実質的にはあまり何も変わらないという事情はあります。そうであったとしても、義務教育の年齢が引き下げられることが受け入れられる欧州と、いまだに六歳からである日本という差は、知っておいたほうがいいと思います。

可知　フランスは小学一年生からのスタートを平等にしていくために、義務教育を三歳からに引き下げたのですが、それは日本でも同じことだと思います。小学校入学の時点で、無園児が勉強にも集団生活にもついていけないという、本人にとって苦しい状況になってしまいますよね。

駒崎　本当にその通りです。

可知　それから、義務化することで、自治体が保育園や幼稚園を整えるとか、保護者に就園を促すという強制力がもう少し働くようになるのかなと思います。

駒崎　おっしゃる通りです。例えば小学校の待機児童はいません。それはなぜかというと「義務」だからですよね。絶対に一人の子も待機させてはいけないので、子どもの数だけ小学校を作っている。同様の力が働くと思うんです。保育園や幼稚園は行っても行かなくても親の自由ですが、待機児童問題としてメディアが取り上げ、社会問題化した。だから政府はしぶしぶ待機児童解消に取り組んでいますが、それまでは放置していたわけです。

　義務化することによって、保育園や幼稚園をきちんと子どもの数だけ、必要な数作らなきゃ、という状況ができることになります。それから医療的ケア児の受け入れ先も今はすごく乏しいですけど、義務だから絶対行かせないと、と政府も本気で施設を作っていこうとなっていくと思います。

可知　それを聞いて思い出したのですが、発達障害の支援団体の代表の方が「発達障害の子や医療的ケア児の支援が不足しているが、障害があろうとなかろうと同じ子どもなのに、障害があるんだから仕方がないということなら、日本は子どもを大切にしない国ということだ」と話されていたのが印象的でした。属性的にみんなと違うからといって放っておかれるということは、日本は子どもを大切にしない国だということになります。

2　義務化と言っても、毎日行かなくていい

†本質的な意義は地域社会とつながること

可知　次に、駒崎さんがイメージする「義務化」を教えてください。

駒崎　義務化というと、毎日通わなきゃいけないのかと言われるんですけれども、就学前においてはフレキシブルな形でいいんじゃないかと思っています。週三であったり、週四であったり。いずれにせよ、親だけで子育てするのではなく、外部の専門家と子どもが触れ合うという機会を担保する、つまり保育を通じて地域社会と接続するというようなイメージなので、必ずしも週五でなくてもいいかなと思っています。

可知　顔が見える関係であればいいということで、例えば週一でもいいとか……。

駒崎　そうですね、日でいうなら週一～週六、時間でいうならば幼稚園のように四時間から、一〇・五時間の保育園まであるでしょう。いろんなパターンはあると思いますけれども、定期的に家庭外の施設で専門家等と接触し、子どもの発達にプラスのコミュニケーシ

ョンが行われることが重要ではないかなと思います。

†幼児教育では遊びが重要

可知　教育内容に関して、小学校のように教科書で学ぶようなことをイメージしてしまう方がいますけど、その辺りは保育園の経営者としていかがですか。

駒崎　昔はみんなで一緒に同じことをさせるのが幼児教育だと思われていたんですが、現在は、工業社会に最適化させるような教育は古い、と考えられています。そうではなくて内発的に自分のテーマを自分で見つけて、そして自分で解決していく、というような学びの在り方というのが、これからのＡＩ時代を生きる子どもたちに必要なものだといわれています。

知識の詰め込みだけでなく、自ら考え、そして仲間との対話によって様々なアイデアを組み合わせていくことができる人物像。そのためにどうしたらいいかですが、就学前においてはとにかく、簡単にいうと「遊ぶ」ということですね。遊びを通じて好奇心を養い、友達同士のコミュニケーション能力を養い、そして一緒になって様々なルールを自分で作り出しながら遊んでいくということですね。

遊びは軽視されがちですが、実はとても高度なことをしています。例えば友達とドロケイ（鬼ごっこの一種。泥棒と警察）やろうぜとなって、「○○ちゃんはちょっと弱いから、二回見つかったら捕まることにしようね」というような、その子に合わせたルールを作っていくことを練習できるわけですし、様々な友達とのコミュニケーションがそこで培われていきます。また、もし自分が怪獣だったら、こうやって追いかけるだろう、という反実仮想も遊びの中で学んでいったりするわけです。

そういう意味で「遊び」というのは重要なので、子どもの「遊びたい」「やりたい」ということを育むような形の在り方が幼児教育では重要で、決してカタカナを何百回書き写させるとか、百人一首を暗唱させるとか、マスゲームをやらせるとか、それが幼児教育ではないんだというのは、口を酸っぱくして言いたいです。

可知　私も三歳の息子がいます。子どもだから当たり前だとは思うのですが、我慢がなかなかできなくて（笑）。でも、友達と遊ぶ様子を見ていると、時には友達に譲ったりしていて、忍耐力がついてきているなと感じます。それは将来的にその子の人生を支えていく力になると思いますので、遊びは大事ですね。

3 義務化へのハードルとは何か

†待機児童問題

可知 次に、義務化におけるハードルについて考えてみたいと思います。私は義務化には「待機児童」、「親の選択の自由」、「施設の多様性」の三つの問題がハードルになると考えています。三歳以降でも〇〜二歳ほどではないですが、まだ待機児童が発生しています。まずは待機児童による機会の不平等を解消するべきだと思うのですが。

駒崎　待機児童ですね。待機児童問題があるがゆえに、いざ義務化となっても難しいという話があるんですが、これはニワトリと卵だなと思っています。義務化になったら、それだけ国も施設を作らざるをえなくなるので、今のスローペースを加速させるためにも義務化したほうがいいんじゃないかと思います。待機児童が解消してから義務化だよね、というと、じゃあいつ解消するの、という話になってしまいます。まず義務化を打ち出して、そこからインフラが絶対必要、としたほうがより現実味を帯びるのではないかなと思いますね。

可知　ゴールを先に決めてしまって、それまでに整えようということですよね。私が駒崎さんと出会ったのは待機児童問題の関係だったと思いますが、やはり、自治体の方々がいろんな言い訳をされていますね。「保育園の整備をがんばっていますが、働くお母さんが増えたから追いつきません」とか、もう何回聞いたかというぐらいです。

正直、やる気の問題もまだまだありますし、ジェンダーの問題がとても大きいと感じます。もし待機児童問題で父親が仕事を失っていたら社会的に大問題になると思いますけど、実際に仕事を失うのはほとんどが母親なので、そこまで深刻に受け止められていないように感じています。

「小さい子どもを持つお母さんは働かなくても、まあいいんじゃない」という考え方が根底にはあると思います。実際には、母親が働かなければ生活が成り立たない家庭が増えているのに、意識や感情の部分では変わっていません。そういうこともありなかなか動かないので、義務化で待機児童の解消が加速するなら、義務化してほしいですね。

駒崎　おっしゃる通りです。このジェンダー不平等が、すごく背景にあるんですよね。「子育ては母親がすべきものだから、保育園に入れなくて自分が子育てをすることになったとしても仕方がないよね、というかそうあるべきだよね」という感情があるわけです。そういう意味では、ある種「日本病」というか、日本の抱える病がこの待機児童問題には凝縮されていると思います。

†家庭で子どもを教育する自由

可知　次は、家庭で子どもを教育したいという選択の自由をどう考えるかということですけれども。

駒崎　そうですよね、これはけっこう難しい話ですが、自由は一定の社会的コンセンサスがあれば制限されうるという立場を僕は取ります。義務教育中に、子どもを家庭で教育したいという人を基本的に日本は認めていないないですよね。僕はアメリカの小さい町の高校に留学していたんですが、そこはホームスクーリングもOKで、かなり少なかったんですけど、クラスに二、三人いたんです。日本だとそういう発想はなかったので、それを知った時には驚愕しました。アメリカでは認められているわけですね。日本の場合は今も認められてないいんじゃないかと思っているんですが、間違いないでしょうか？

可知　ホームスクールではないですが、最近はいじめ等で不登校になっている子の……。

駒崎　フリースクールですね。教育確保法というのがありまして、そちらで一つの選択肢としてようやく認められるようになりました。確保法の前は、「認められていないけど仕方ないね」という形になっていました。ホームスクーリングというのはさらにラディカルで、家庭外のところに行きすらもしない。日本だと、認めづらいんじゃないかと思います。なぜならば、親の資質によってかなり教育の質が変わってしまうからです。

　親の教育水準が高くてしっかりとした養育ができるのであれば、よい子育てになるのかもしれません。しかし例えば家で親が子どもの前でタバコを吸っている、というような状況で「選択の自由だから」と言われたときに、社会的にそれを許容できるのか、ということですよね。

ですので、子どもの最善を親の権利の上位に置く、という考え方であるならば、この義務化は社会的に正当化され得るのではなかろうかと思います。

可知　そうですね。選択の自由を残すということは、その結果の責任を親に求めるということと表裏一体だと思います。親が責任をとれない場合、子どもがその犠牲になってしまいます。

また、実際に子どもを自分たちで教育したくて、かつ適切な養育ができる家庭は、全体の一、二パーセントあるかないかだと私は思っています。

駒崎　僕も、体感ではそれぐらいだと思いますが、そういうエビデンスがあるわけではないですね。

可知　エビデンスはないですね、研究者としての体感です。そもそも任意の状態なのに九〇%以上の家庭が保育園や幼稚園に入れることをすでに選んでいます。その選んでいない中に、かなり不適切な養育を受けている無園児がいる。その残りに適切な養育を受けて家庭で育てられている子どもがいるとなったときに、どこまでその人たちの想いを汲むかは難しい問題ですね。私は、不適切な養育を受けている無園児の支援を優先してほしいと思います。

駒崎　僕自身は教育水準は世の中的にいえば高いでしょうし、所得水準も高いかもしれませんが、家で育てろと言われたら、不適切な親にいくらでもなると思うんですよね（笑）。適切な親と不適切な親がいるという側面はもちろんあるけれど、適切な親だって、二四時間三六五日子どもを見続けたとしたら、許容量を超えることがあるわけです。

確固として揺るがない親像というものは、捨て去るべきだと思うんです。親は、状況や環境によっていくらでも崩れてしまう、壊れてしまう存在だと思っていただかないといけない。伝統的家族観を持つ人たちからすると許しがたいことかもしれませんが、現実的には、二四時間三六五日見てたら耐えられん、放置したくもなりますよ、ということです。

可知　その伝統的家族観を持つ方に、「子どもを一人で二四時間見たことがあるんですか」と聞いてみたいです。経験のある方で、「私は絶対に大丈夫」と自信を持って言える人はほとんどいないのではないでしょうか。

駒崎　おっしゃる通りですね。

可知　ところで、先ほどおっしゃっていたように義務化の在り方が週一でもいいのであれば、家庭で育てたいというニーズもある程度満たされますよね。自由を望む人たちも、そんなに心配しなくていいよというか。

駒崎　そうですね。これは両立しうる、落としどころはつけられるような気がしますね。保育所は教育機関ではないという意見もありますが、「保育」という言葉は、「保護」と「教育」という言葉から作られています。「保護」というのは今でいう「養護」ですね。つまり、保育の中に教育が内包されているという考え方です。

今、実は幼稚園の教育要領と、保育所の保育指針ってほとんど違いがなくなってきているんです。保育所も十分教育機関なのです。保育所の中でも教育的なアプローチは十分されていますから、いわゆる国際的にいうところの幼児教育を保育所で行えないということはない、と思います。

†保育の質の評価

駒崎　しかし、保育所の中での教育の質の高低は確かにあるでしょう。単に預かるだけですという自己認識で、そうしてしまっているところもあります。もしくは子どもが嫌がっているにもかかわらずカタカナを書き取りさせまくるといったような、間違った形の教育熱心さを実践してしまっているようなところもあります。そこは、幼児教育の水準が低いと言わざるを得ないです。
そうしたところに関しては、きちんと評価付けしたり、社会的にフィードバックしたりする仕組みが必要になるかと思います。保育の質の向上はすごく大事ですが、全然お金が投下されていないですね。
可知 それから、質を管理する第三者機関がないと思います。
駒崎 はい。例えばイギリスにはOfsted（Office for Standards in Education）というものがありますけど、日本にはそうしたものがない。今の自治体の監査は、基本的には財務的な「補助金不正受給してないですか」というような話がメインで、保育の質の監査はほぼしていないわけです。なので、質を見ていく、質をフィードバックするような仕組みが重要だし必要だなと思います。
可知 国際的な保育の質を測るスケール（保育環境評価スケール：Infant and Toddler Environment Rating Scale-Revised）があると思いますが、そういった評価が全くされていないということですか。
駒崎 されていないですね。僕は自主的に、中室牧子先生（教育経済学者・著書『「学力」の経済学』がベストセラー）に小規模保育の質を測る調査をしていただきました。ありがたいことに我々の小規模保育はけっこう評価が高かったんですけれど、それでも例えば「おもちゃに関してはもっと改善できますね」とか、いいフィードバックがいただけました。我々も、「確かにこのおもちゃは年齢に合ってなかったかもね、おもちゃのレパートリー増やそうか」というような話ができましたので、そういった評価を受けるというのは、自分たちを向上させる意味でもとてもよかったです。

そういう機会はもっとあるべきだと思います。第三者評価は一応あるんですが、名ばかりですね。お金を払うのはこちらなので、評価する会社からすればあまり悪い評価をつけたら次がないからつけない。それでは意味がないですよね（笑）。

可知　自治体が、一方的にやるものではないんですね。

駒崎　そうですね。補助を受けて第三者評価を受ける形になるので、お金を払っているのは園側ですね。

可知　そこはどうして自治体がやらないんでしょう。

駒崎　自治体がやっているのは「監査」ですね。「補助金ちゃんと使ってますか」とか、「人がいると言って、いないのはダメですよ。配置人員はいますか」とか、最低限のコンプライアンスをチェックするものであって、質を実際に高められる評価システムにまではなってないですね。

可知　マイナスを底上げする感じですね。

駒崎　そうですね、マイナスをゼロにするためのもので、ゼロを一〇、二〇にするためのものではない。例えば、小学校の授業はどこかで評価されていますか？

可知　いや〜、確かにそういわれると聞いたことがないですね。

駒崎　ですよね。たぶんそういう発想で、もしかしたらどこかでやっているのかもしれないけど、事実上ないんじゃないかと思いますね。親が「あの先生どうなの」と入り込んでいって、「いい加減にしろ」となる、そういうことはあると思いますが、体系的に先生の教授法に対して「ここはいいですね」、「この表現はちょっとよろしくないですね」とか、査察官が見てフィードバックするということはないですよね。

そういう発想はそもそも日本の教育にはないんじゃないかと思います。評価をされて、PDCA（Plan→Do→Check→Act　業務の継続的改善手法）を回そうということがないんじゃないかと思います。

可知　もともと、文化的にそういう発想がないということですか。

駒崎　文化というより、そこのインセンティブがないんですよね。例えば公立小学校で質を上げたことによるインセンティブって何かありますか。ないんですよ。それによってその小学校に予算が多く行くとか、先生の評価が上がるということもないわけですから、質を上げるインセンティブ機構そのものが働いていない可能性がありますね。

翻って、保育園や幼稚園は子ども一人あたりに補助金が紐づいているんですよね。よって定員が埋まれば、保育、教育内容が低かろうと経営できてしまいます。そうすると、立地ビジネスになりかねません。どれだけいい立地かどうかで運命が決まるなら、がんばって質を上げようというインセンティブは公立小学校同様にほぼ湧かない。

可知　経営者には湧かないですね。

駒崎　かつ、質を上げたからそれがマーケティングにプラスになるわけでもないというのが難しいですよね。中学校や高校等の教育機関だったら、質を上げると偏差値が上がる、そうするとあの学校に行くといい大学に行けるから行きましょう、ということになりますね。良し悪しはあれど、偏差値というものがある種のインセンティブ機構になっていくと思うんですけど、幼児教育にそういうのはないですよね。

質をいくら上げようとも、子どもたちの内発性を引き出すような保育をしたとしても、それは親には伝わりづらい。むしろ親に伝わるのは「英語を教えてます」とか、「リトミックしてますよ、お母さん」とかですよね。そうすると親は「やった〜、うちの子がHelloって言えた」と、大喜びしたりする。間違ったインセンティブの仕組みが跋扈してしまう。

可知 私は今、認可外保育園（地方単独保育事業）に子どもを入れています。認可に入れなかったのは、二年前の三月に転職と引っ越しが決まって、認可への申し込みができなかったからなんですけど、今の保育園はけっこう手厚くやってくださっています。ですから悪口は言いたくないんですが、まさにリトミックと英語教育を取りいれているんです（笑）。

駒崎 それは、生き残り戦略ですよ。認可外の三種の神器がそれなんです。

可知 そうなんですね。私自身はそういうことはあまり望んでなくて、マイナスではないから別に良いかなくらいに思っているんですけど、保育園の生き残り戦略というのは何となく感じています。実は、無償化に伴って、「保育料をちょっと上げさせてもらいたい」という話がありました。

駒崎 便乗値上げですね。

可知 結局、値上げはなくなりましたが、経営がきついのかなと感じました。決して儲けのためだけにやっている保育園ではなくて、地域にも根差していて、認可のスペックがあるのに、経営者の強いこだわりであえて認可外にしているようなのですが。

駒崎　それは、責められないですね。特に認可外の場合は、少しでも、たとえ一円でも多くもらわないとやっていけないという事情があります。

可知　ちょっと話がそれてしまいますが、認可外に対する批判が時々メディアでされていますけど、保育園の申し込み時期にその自治体にいなくて困ったり、待機児童で入れなかったりした場合の受け皿として頑張ってきた園もあるのになぁと、複雑な気持ちを抱えています。認可でも子どもへの虐待があったりするので、認可なら良くて、認可外だからダメだと一概に言えない状況にあると思います。質の評価をきちんとしてほしいですね。

駒崎　本当にそう思います。

†幼児教育施設の多様性

可知　他に義務化が難しい理由の一つとして、日本では幼児教育施設の種類が多い上に、私立が多いことがハードルになるという指摘があります。私立は自主性を担保されて、自由にやれているのに、義務化になるとそれが壊れる危惧があるということかと思います。

それに関してはいかがですか。

駒崎　それは大丈夫じゃないでしょうか。義務「教育化」した場合は、さまざまなカリキュラムの制限などを受けるので、私立小学校や中学校と同程度に自主性は奪われてしまうと思います。ただそれは、設計の仕方次第だと思います。

僕は、義務「教育化」という言葉を使っていません。そうしてしまうと、確かに文科省に言われたカリキュラムから、一歩も外に出てはダメですよということになってしまいます。けれども「義務化」ならば、基本的にはカリキュラムは自由ですが、通うことは必ずしてくださいねということにとどまると思うのです。義務「教育化」ではなく、あえて「義務化」という言葉を使っているのはそういうことです。

可知　わかりました。文科省の教育再生実行会議でも、そのような意見が出ています。二〇一六年の会議ですが、「幼稚園、保育園および認定こども園における五歳児の就学前教育について、設置主体等の多様性も踏まえ、より柔軟な新たな枠組みによる義務教育化を検討する」ということです。国もそのように考えているのであれば、設置主体も義務化を受け入れやすいだろうと思います。

（写真：ＮＰＯ法人フローレンス提供、撮影：赤堀雛）

おわりに

「本を単著で、ですか？」

私は、思わず駒崎弘樹さんに聞き返しました。無園児の研究を広く知ってもらうために、本を出すことを勧めてくださったときのことです。私も、無園児の実態を多くの人に知ってもらいたい。でも、ただでさえ、子育てで時間的に制約のある中で、本業の仕事が遅れがちでしたから、とても本を書く余裕はないと思ったのです。

しかし、迷いに迷った挙句にやってみることに決めました。無園児への関心を高め、政策につなげたいというのが一番の理由でした。加えて、小さな子どもがいる同世代の女性たちが、子どもたちが希望を持てる社会を作ろうと、様々な立場でチャレンジする姿に触れる機会があり、私もその一端を担いたいと思いました。

結果的に、本を出す機会をいただけたことに心から感謝しています。無園児の研究は、プレスリリースをして、国会でも取り上げていただけたし、研究者としてやるべきことはやったという気持ちでいました。でも、この一年、無園児に関する議論はほとんどなされませんでした。私の認識はとても甘かったのです。本を出せたことで、あらためて無園児の実態や無償化の課題を伝えるチャンスが得られました。

本書が無償化の本質論や取り残されている子どもたちへのアプローチに対する問題提起につながれば、著者としてそれほどうれしいことはありません。

本書の執筆にあたり、たくさんの方にお力添えいただきました。そもそも、無園児の研究は、国立成育医療研究センターの加藤承彦先生と、米ハーバード大学公衆衛生大学院のカワチ・イチロー先生との共同作業なくして、世に出ることはありませんでした。特に加藤先生とは、「心は熱く、頭は冷静に（Cool Head but Warm Heart）」をモットーに、活発な議論を交わしました。

駒崎さんには、「できる限りの協力をしますよ」という優しい言葉を頂き、厚かましくもお言葉に甘えさせていただきました。対談や支援団体の紹介をお願いしたのですが、ご多忙にもかかわらず、とても親切に協力してくださいました。

取材を受けてくれた、ブラジル人のAさん、フィリピン人のPさん、発達障害グレーゾーンの息子さんがいるTさん、医療的ケアが必要な娘さんがいるYさんには、切実な想いをお話しいただき、感謝してもしきれません。認定NPO法人PIECES代表の小澤いぶき先生、公益財団法人かながわ国際交流財団の富本潤子さんには、豊富な現場経験をもとに、社会的に孤立しやすい環境にある親子を幼児教育につなげるためには、妊娠期からの支援が重要であることを教えていただきました。NPO法人K理事長のOさんには、当事者の立場からみたインクルーシブな社会の大切さを教えていただきました。

YSCグローバル・スクールの山田拓路さんには海外ルーツの子どもたちの就園の実態を教えていただいたり、就園を断られた家族につないでいただいたり、多大なる協力を賜りました。同スクールの田中宝紀さんにも、かながわ国際交流財団を紹介いただくなどお世話になりました。

さらに、東京大学の山口慎太郎先生には、幼児教育の研究についてご意見をいただきました。「保育園を考える親の会」代表の普光院亜紀さんには保育制度について情報を提供いただきました。任意団体「ポスト申請主義を考える会」代表の横山北斗さんには、申請主義の問題点についてレクチャーいただきました。東京慈恵会医科大学の井上祐紀先生には、児童発達支援の地域格差について教えていただきました。

そして、本書を担当くださった筑摩書房の羽田雅美さんは、文章を書くことに自信がない私に、いつもポジティブなフィードバックをくださいました。おかげで、最後まで書き上げるモチベーションを保つことができました。

皆さま、本当にありがとうございました。

最後に、私がこうして研究を続けられているのは、夫と息子のおかげです。理不尽なことも経験してきましたが、夫の「なんとかなるさ」という楽観的な性格にいつも助けられてきました。そして、無園児の研究を始めた当時一歳だった息子は、四歳になりました。毎日楽しそうに過ごす姿を見ることが、私の元気の源です。健やかに育ってくれていることに心から感謝しています。ありがとう。

二〇二〇年三月

可知　悠子

第一章

【引用文献】

（1） Kachi Y, Kato T, Kawachi I. Socio-economic disparities in early childhood education enrollment: Japanese population-based study. Journal of Epidemiology 2019 Mar 23. doi: 10.2188/jea.JE20180216.

（2） 田中智子、丸山啓史、森田洋編著『隠れ保育料を考える――子育ての社会化と保育の無償化のために』かもがわ出版・二〇一八年

（3） 周燕飛『貧困専業主婦』新潮選書・二〇一九年

（4） 浜松市『外国にルーツを持つ就学前の子どもと保護者の子育て支援に関わる調査報告書』二〇一八年

（5） Coley RL, Votruba-Drzal E, Collins M.A, Miller P. Selection into early education and care settings: Differences by developmental period. Early Childhood Research Quarterly 2014; 29: 319–32.

（6） Geoffroy M-C, Séguin J.R, Lacourse É, Boivin M, Tremblay R.E, Côté S.M. Parental characteristics associated with childcare use during the first 4 years of life: results from a representative cohort of Québec families. Canadian Journal of Public Health 2012; 103（1）: 76–80.

（7） O'Connor M, Gray S, Tarasuik J, O'Connor E, Kvalsvig A, Incledon E, et al. Preschool attendance trends in Australia: Evidence from two sequential population cohorts. Early Childhood Research Quarterly 2016; 35: 31–9.

（8） Moafi, H, Bjørkli E.S. Barnefamiliers tilsynsordninger, høsten 2010［Care arrangements among families with children, Autumn 2010］. Oslo: Statistics Norway., 2011.

（9） Kalil A, Duncan G, Ziol-Guest K. Early childhood poverty: Short and long-run consequences over the lifespan. In M Shanahan, J Mortimer, M Kirkpatrick Johnson（Eds.）Handbook of the life course: Vol. II, 2016, 341–354.

（10）Conger KJ., Rueter MA. Conger R.D. The role of economic pressure in the lives of parents and their adolescents: The Family Stress Model. In L.J. Crockett, R.K. Silberiesen（Eds.）Negotiating adolescence in times of social change. Cambridge: Cambridge University Press, 2010, 201–223.
（11）Becker GS, Tomes N. Human capital and the rise and fall of families. Journal of Labor Economics 1986; 4（3 Pt. 2）: 1–47.
（12）菅原ますみ「子ども期のＱＯＬと貧困・格差問題に関する発達研究の動向」菅原ますみ編『子ども期の養育環境とＱＯＬ』金子書房、二〇一二年
（13）蓑輪明子「新自由主義時代における家族の多就業化と新しい家族主義の登場」現代思想 2013; 41（12）; 94–109.
（14）大石亜希子「24 時間週７日経済におけるワーク・ライフ・バランス」大原社会問題研究所雑誌 2017; 701：24–39.
（15）阿部彩「子どもの貧困率の動向：２０１２から２０１５と長期的変動」二〇一九年二月公表 https://www.hinkonstat.net/
（16）Schweinhart JL, Montie J, Xiang Z, Barnett WS, Belfield CR, Nores M. Lifetime Effects: The High/Scope Perry Preschool Study Through Age 40. Ypsilanti, MI: High/Scope Press, 2005.
（17）Heckman J, Pinto R, Savelyev P. Understanding the mechanisms through which an influential early childhood program boosted adult outcomes. American Economic Review 2013; 103（6）: 2052–2086.
（18）van Huizen T, Plantenga J. Do children benefit from universal early childhood education and care? A meta-analysis of evidence from natural experiments. Economics of Education Review 2018; 66: 206–222.
（19）Yamaguchi S, Asai Y, Kambayashi R. How does early childcare enrollment affect children, parents, and their inter-

actions? Labour Economics 2018; 55: 56–71.

【参考文献】

猪熊弘子、寺町東子『子どもがすくすく育つ幼稚園・保育園：教育・環境・安全の見方や選び方、付き合い方まで』内外出版社・二〇一八年

秋田喜代美、小西祐馬、菅原ますみ編著『貧困と保育』かもがわ出版・二〇一六年

小西祐馬、川田学編著、松本伊智朗編集『遊び・育ち・経験：子どもの世界を守る』明石書店・二〇一九年

ジェームズ・J・ヘックマン『幼児教育の経済学』東洋経済新報社・二〇一五年

山口慎太郎『「家族の幸せ」の経済学：データ分析でわかった結婚、出産、子育ての真実』光文社・二〇一九年

第三章

【引用文献】

（1）池本美香「幼児教育無償化の問題点――財源の制約をふまえ教育政策としての制度設計を―」日本総合研究所「リサーチ・フォーカス」2018; No.2017–040.

（2）Kachi Y, Fujiwara T, Yamaoka Y, Kato T. Parental socioeconomic status and weight faltering in infants in Japan. Frontiers in Pediatrics 2018; 6: 127.

（3）Lucas-Thompson RG, Goldberg WA, Prause J. Maternal work early in the lives of children and its distal associations with achievement and behavior problems: a meta-analysis. Psychol Bull 2010; 136（6）: 915–42.

(4) 池本美香「保育の費用負担の在り方―幼児教育無償化を考える―」日本総合研究所「JRIレビュー」2018; 10 (61)。
(5) 三菱UFJリサーチ&コンサルティング「一時預かり事業の運営状況等に関する調査報告書」(厚生労働省 平成30年度子ども・子育て支援推進調査研究事業)、二〇一九年
(6) (3) と同じ。
(7) ポスト申請主義を考える会「申請主義を取り巻く現場の現状」(研究会資料)、二〇一九年
(8) 池本美香「日本の子ども・子育て支援制度の課題：諸外国の動向をふまえて」自治体国際化フォーラム、二〇一五年
(9) みずほ情報総研株式会社「保育所における障害児保育に関する研究報告書」(厚生労働省　平成二八年度子ども・子育て支援推進調査研究事業)、二〇一七年

【参考文献】

横山美江、Hakulinen Tuovi 編著『フィンランドのネウボラに学ぶ　母子保健のメソッド 子育て世代包括支援センターのこれから』医歯薬出版・二〇一八年
山口道宏『「申請主義」の壁！――年金・介護・生活保護をめぐって』現代書館・二〇一〇年
浅川晃広『知っておきたい入管法　増える外国人と共生できるか』平凡社新書・二〇一九年
望月優大『ふたつの日本「移民国家」の建前と現実』講談社現代新書・二〇一九年
荒牧重人、榎井縁、江原裕美、他『外国人の子ども白書――権利・貧困・教育・文化・国籍と共生の視点から』明石書店・二〇一七年
内山登紀夫編集、宇野洋太、蜂矢百合子編集協力『子ども・大人の発達障害診療ハンドブック――年代別

にみる症例と発達障害データ集』中山書店・二〇一七年
平岩幹男総編集、岡明・神尾陽子・他編『データで読み解く発達障害』中山書店・二〇一六年
社会福祉法人全国社会福祉協議会、全国保育士会『医療的ケアを必要とする子どもの保育実践事例集』二〇一九年
湯浅恭正・新井英靖・吉田茂孝編著『よくわかるインクルーシブ教育』ミネルヴァ書房・二〇一九年

図版作成＝朝日メディアインターナショナル

ちくま新書
1490

保育園《ほいくえん》に通《かよ》えない子《こ》どもたち
——「無園児《むえんじ》」という闇《やみ》

二〇二〇年四月一〇日　第一刷発行

著者　可知悠子（かち・ゆうこ）

発行者　喜入冬子
発行所　株式会社 筑摩書房
東京都台東区蔵前二-五-三　郵便番号一一一-八七五五
電話番号〇三-五六八七-二六〇一（代表）
装幀者　間村俊一
印刷・製本　三松堂印刷 株式会社

ISBN978-4-480-07308-2 C0236

ちくま新書

1233
ルポ 児童相談所
——一時保護所から考える子ども支援
慎泰俊
自ら住み込み、100人以上の関係者に取材し「一時保護所」の現状を浮かび上がらせ、課題解決策を探る。若き社会起業家による、社会的養護の未来への提言。

1226
「母と子」という病
高橋和巳
人間に最も大きな心理的影響を及ぼす存在は「母」であり、誰もが逃れられない。母を三つのタイプに分け、それぞれの子との愛着関係と、そこに潜む病を分析する。

1164
マタハラ問題
小酒部さやか
妊娠・出産を理由に嫌がらせを受ける「マタハラ」が、いま大きな問題となっている。マタハラとは何か。その実態はどういうものか。当事者の声から本質を抉る。

1163
家族幻想
——「ひきこもり」から問う
杉山春
現代の息苦しさを象徴する「ひきこもり」。閉ざされた内奥では何が起きているのか？〈家族の絆〉という神話に巨大な疑問符をつきつける圧倒的なノンフィクション。

1125
ルポ 母子家庭
小林美希
夫からの度重なるDV、進展しない離婚調停、親子のギリギリの生活……。社会の矛盾が母と子を追い込んでいく。彼女たちの厳しい現実と生きる希望に迫る。

1120
ルポ 居所不明児童
——消えた子どもたち
石川結貴
貧困、虐待、家庭崩壊などが原因で、少なくはない子どもたちの所在が不明になっている。この国で社会問題化しつつある「消えた子ども」を追う驚愕のレポート。

1113
日本の大課題 子どもの貧困
——社会的養護の現場から考える
池上彰編
格差が極まるいま、家庭で育つことができない子どもが増えている。児童養護施設の現場から、子どもの貧困についての実態をレポートし、課題と展望を明快にえがく。

1091
もじれる社会
――戦後日本型循環モデルを超えて
本田由紀
もじれる＝もつれ＋こじれ。行き詰まり、悶々とした状況にある日本社会の見取図を描き直し、教育・仕事・家族の各領域が抱える問題を分析、解決策を考える。

1085
子育ての哲学
――主体的に生きる力を育む
山竹伸二
子どもに生きる力を身につけさせるにはどうすればよいか。「自由」と「主体性」を哲学的に考察し、よい子育てとは何か、子どもの真の幸せとは何かを問いなおす。

1072
ルポ 高齢者ケア
――都市の戦略、地方の再生
佐藤幹夫
独居高齢者や生活困窮者が増加する「都市」、人口減や市街地の限界集落化が進む「地方」。正念場を迎えた「高齢者ケア」について、先進的事例を取材して考える。

1053
自閉症スペクトラムとは何か
――ひとの「関わり」の謎に挑む
千住淳
他者や社会との「関わり」に困難さを抱える自閉症。その原因は何か。その障壁とはどのようなものか。診断・遺伝・発達などの視点から、脳科学者が明晰に説く。

1029
ルポ 虐待
――大阪二児置き去り死事件
杉山春
なぜ二人の幼児は餓死しなければならなかったのか？現代の奈落に落ちた母子の人生を追い、女性の貧困を問うルポルタージュ。信田さよ子氏、國分功一郎氏推薦。

1020
生活保護
――知られざる恐怖の現場
今野晴貴
高まる生活保護バッシング。その現場では、いったい何が起きているのか。自殺、餓死、孤立死……。追いつめられ、命までも奪われる「恐怖の現場」の真相に迫る。

955
ルポ 賃金差別
竹信三恵子
パート、嘱託、派遣、契約、正規……。同じ仕事内容でも、賃金に差が生じるのはなぜか？ 非正規雇用という現代の「身分制」をえぐる、衝撃のノンフィクション！

947
若者が無縁化する
――仕事・福祉・コミュニティでつなぐ
宮本みち子
高校中退者、若者ホームレス、低学歴ニート、世の中から切り捨てられ、孤立する若者たち。彼らを社会につなぎとめるために、現状を分析し、解決策を探る一冊。

937
階級都市
――格差が街を侵食する
橋本健二
街には格差があふれている。古くは「山の手」「下町」と身分によって分断されていたが、現在もその構図は変わっていない。宿命づけられた階級都市のリアルに迫る。

883
ルポ 若者ホームレス
飯島裕子
ビッグイシュー基金
近年、貧困が若者を襲い、20~30代のホームレスが激増している。彼らはなぜ路上暮らしへ追い込まれたのか。貧困が再生産される社会構造をあぶりだすルポ。

784
働き方革命
――あなたが今日から日本を変える方法
駒崎弘樹
仕事に人生を捧げる時代は過ぎ去った。「働き方」の枠組みを変えて少ない時間で大きな成果を出し、家庭や地域社会にも貢献する新しいタイプの日本人像を示す。

1476
長い老後のためのお金の基本
――年金・貯金・投資がわかる
横山光昭
「年金」「貯金」「投資」「保険」「介護」「相続」のそれぞれで、必ず押さえておくべき知識と情報を家計再生で大人気のFPが解説。今、自分が何をするべきかがわかる。

1456
精神科医が教える 聴く技術
高橋和巳
人の話を聴くことは難しい。精神科医であり、多くのカウンセラーを育てた著者が教える「聴く技術」。四つのステップに分けて、事例と共にわかりやすく解説する。

1448
年金不安の正体
海老原嗣生
不満につけこみ、不公平を騒ぎ立て、制度が崩壊すると危機感を煽る。不安を利益に変える政治家や評論家、メディアのウソを暴き、問題の本質を明らかにしよう。

ちくま新書

1423 ヒューマンエラーの心理学

一川誠

仕事も勉強も災害避難の判断も宝くじも、直感はもちろん熟考さえも当てにならない。なぜ間違えてしまうのか。錯覚・錯視の不思議から認知バイアスの危険まで。

1422 教育格差 ――階層・地域・学歴

松岡亮二

親の学歴や居住地域など「生まれ」によって、子どもの学歴・未来は大きく変わる。本書は、就学前から高校まで教育格差を緻密に検証し、採るべき対策を提案する。

1420 路地裏で考える ――世界の饒舌さに抵抗する拠点

平川克美

様々なところで限界を迎えている日本。これまでのシステムに背を向け、半径三百メートルで生きていくことを決めた市井の思想家がこれからの生き方を提示する。

1419 夫婦幻想 ――子あり、子なし、子の成長後

奥田祥子

愛情と信頼に満ちあふれた夫婦関係は、いまや幻想なのか。不安やリスクを抱えつつも希望を見出そうとして苦闘する夫婦の実態を、綿密な取材に基づいて描き出す。

1414 武器としての世論調査 ――社会をとらえ、未来を変える

三春充希

内閣支持率は西高東低。野党支持は若年層で伸び悩み。世論調査を精緻に見ていけば、この社会の全体像が見えてくる。仕組みの理解から選挙への応用まで！

1402 感情の正体 ――発達心理学で気持ちをマネジメントする

渡辺弥生

わき起こる怒り、悲しみ、屈辱感、後悔……。悪感情に翻弄されないためにどうすればいいか。友情や公共心を育み、勉強や仕事の能率を上げる最新の研究成果とは。

1371 アンダークラス ――新たな下層階級の出現

橋本健二

就業人口の15％が平均年収186万円。この階級の人々はどのように生きているのか？　若年・中年、女性、高齢者とケースにあわせ、その実態を明らかにする。

1384
思いつきで世界は進む
――「遠い地平、低い視点」で考えた50のこと
橋本治
「あんな時代もあったね」とでは済まされない怒濤の展開。日本も世界も「思いつき」で進んではいないか？アナ雪からトランプまで、橋本治、最後の時代診断。

1382
南スーダンに平和をつくる
――「オールジャパン」の国際貢献
紀谷昌彦
二〇一一年に独立した新興国南スーダン。その平和構築の現場では何が起こり必要とされているのか。前駐在大使が支援の最前線での経験と葛藤を伝える貴重な証言。

1373
未来の再建
――暮らし・仕事・社会保障のグランドデザイン
井手英策
今野晴貴
藤田孝典
深まる貧困、苛酷な労働、分断される人々。現代日本の根本問題を抉剔し、誰もが生きる上で必要なベーシック・サービスの充実を提唱。未来を切り拓く渾身の書！

1366
武器としての情報公開
――権力の「手の内」を見抜く
日下部聡
石原都知事（当時）の乱費や安保法制での憲法解釈の変更など公的な問題に情報公開制度を使って肉薄した毎日新聞記者が、その舞台裏を描き、制度の使い方を説く！

1362
沖縄報道
――日本のジャーナリズムの現在
山田健太
オスプレイは「不時着（読売・産経）」したのか「墜落（沖縄紙）」したのか――。沖縄をめぐる報道から、偏向、分断、ヘイトが生まれる構造を解き明かす。

1361
徹底検証 神社本庁
――その起源から内紛、保守運動まで
藤生明
八万もの神社を傘下に置き、日本会議とともに保守運動を牽引してきた巨大宗教法人・神社本庁。徹底取材により、内紛から政治運動までその全貌を明らかにする！

1360
「身体を売る彼女たち」の事情
――自立と依存の性風俗
坂爪真吾
なぜ彼女たちはデリヘルやJKリフレで働くのか？そこまでお金が必要なのか？一度入ると抜け出しにくいグレーな業界の生の声を集め、構造を解き明かす！

ちくま新書

1303
こころの病に挑んだ知の巨人
――森田正馬・土居健郎・河合隼雄・木村敏・中井久夫
山竹伸二
日本人とは何か。その病をどう癒やすのか。独自の精神医療、心理療法の領域を切り開いてきた五人の知の巨人たちを取り上げ、その理論の本質と功績を解説する。

1289
ノーベル賞の舞台裏
共同通信ロンドン支局取材班編
人種・国籍を超えた人類への貢献というノーベルの理想、しかし現実は。名誉欲や政治利用など、世界最高の権威ある賞の舞台裏を、多くの証言と資料で明らかに。

1288
これからの日本、これからの教育
前川喜平
寺脇研
二人の元文部官僚が「加計学園」問題を再検証し、生涯学習やゆとり教育、高校無償化、夜間中学など一連の改革をめぐってとことん語り合う、希望の書！

1279
世界に広がる日本の職人
――アジアでうけるサービス
青山玲二郎
日本発の技術とサービスが大好評な訳は？　香港の寿司店、バンコクの美容室、台北の語学学校など。海外移住者たちが働く現場から、その要因を多面的に徹底解明！

1265
僕らの社会主義
國分功一郎
山崎亮
いま再びグランド・セオリーが必要とされているのではないか？　マルクス主義とは別の「あったかもしれない社会主義」の可能性について気鋭の論客が語り尽くす。

1253
ドキュメント　日本会議
藤生明
国内最大の右派・保守運動と言われる「日本会議」。改憲勢力の枢要な位置を占め、国政にも関与してきた。謎めいたこの組織を徹底取材、その実像に鋭く迫る！

1250
憲法サバイバル
――「憲法・戦争・天皇」をめぐる四つの対談
ちくま新書編集部編
施行から70年が経とうとしている日本国憲法。改憲論議も巻き起こり、改めてそのあり方が問われている。問題の本質はどこにあるのか？　憲法をめぐる白熱の対談集。

1242
LGBTを読みとく
――クィア・スタディーズ入門
森山至貴
広まりつつあるLGBTという概念。しかし、それだけでは多様な性は取りこぼされ、マイノリティに対する差別もなくならない。正確な知識を得るための教科書。

1235
これが答えだ！　少子化問題
赤川学
長年にわたり巨額の税金を投入しても一向に改善しない少子化問題。一体それはなぜか。少子化対策をめぐるパラドクスを明らかにし、この問題に決着をつける！

1225
AV出演を強要された彼女たち
宮本節子
AV出演を強要された！　そんな事件が今注目されている。本書は女性たちの支援活動をしてきた著者による初の報告書。ビジネスの裏に隠された暴力の実態に迫る。

1216
モテる構造
――男と女の社会学
山田昌弘
女は女らしく、男は男らしく。こんな価値観が生き残っているのはなぜか。三つの「性別規範」が、深く感情に根ざし、男女非対称に機能している社会構造を暴く。

1209
ホスピスからの贈り物
――イタリア発、アートとケアの物語
横川善正
もてなしのアートに満ちあふれているイタリアのホスピス。その美的精神と、ケアの思想を深く掘り下げて紹介。死へと寄り添う終末期ケアが向かうべき姿を描き出す。

1205
社会学講義
橋爪大三郎／佐藤郁哉
吉見俊哉／大澤真幸
社会学とはどういう学問なのか？　基本的な視点から説き起こし、テーマの見つけ方・深め方、フィールドワークの手法までを講義形式で丁寧に解説。入門書の決定版。

1202
脳は、なぜあなたをだますのか
――知覚心理学入門
妹尾武治
オレオレ詐欺、マインドコントロール、マジックにだまされるのは、あなたの脳が、あなたを裏切っているからだ。心理学者が解き明かす、衝撃の脳と心の仕組み。

ちくま新書

1460
世界哲学史1
――古代Ⅰ　知恵から愛知へ
［責任編集］伊藤邦武／山内志朗
中島隆博／納富信留
人類は文明の始まりに世界と魂をどう考えたのか。古代オリエント、旧約聖書世界、ギリシアから、中国、インドまで、世界哲学が立ち現れた場に多角的に迫る。

1461
世界哲学史2
――古代Ⅱ　世界哲学の成立と展開
［責任編集］伊藤邦武／山内志朗
中島隆博／納富信留
キリスト教、仏教、儒教、ゾロアスター教、マニ教などの宗教的思考について哲学史の観点から領域横断的に検討。「善悪と超越」をテーマに、宗教的思索の起源に迫る。

1462
世界哲学史3
――中世Ⅰ　超越と普遍に向けて
［責任編集］伊藤邦武／山内志朗
中島隆博／納富信留
七世紀から一二世紀まで、ヨーロッパ、ビザンツ、イスラーム世界、中国やインド、そして日本の多様な形而上学の発展を、相互の豊かな関わりのなかで論じていく。

1287-1
人類5000年史Ⅰ
――紀元前の世界
出口治明
人類五〇〇〇年の歩みを通読する、新シリーズの第一巻、ついに刊行！　文字の誕生から知の爆発の時代まで紀元前三〇〇〇年の歴史をダイナミックに見通す。

1287-2
人類5000年史Ⅱ
――紀元元年～1000年
出口治明
人類史を一気に見通すシリーズの第二巻。漢とローマ二大帝国の衰退、世界三大宗教の誕生、陸と海のシルクロード時代の幕開け等、激動の1000年が展開される。

1287-3
人類5000年史Ⅲ
――1001年～1500年
出口治明
十字軍の遠征、宋とモンゴル帝国の繁栄など人や物の交流が盛んになるが、気候不順、ペスト流行にも見舞われる。ルネサンスも勃興し、人類は激動の時代を迎える。

1342
世界史序説
――アジア史から一望する
岡本隆司
ユーラシア全域と海洋世界を視野にいれ、古代から現代までを一望。西洋中心的な歴史観を覆し、「世界史の構造」を大胆かつ明快に語る。あらたな通史、ここに誕生！

ちくま新書

1109 食べ物のことはからだに訊け！——健康情報にだまされるな　岩田健太郎

○○を食べなければ病気にならない！　似たような話はたくさんあるけど、それって本当に体によいの？　巷にあふれる怪しい健康情報を医学の見地から一刀両断。

1118 出生前診断　西山深雪

出生前診断とはどういう検査なのか、何がわかるのか。最新技術を客観的にわかりやすく解説。診断を受けるべきかを迷う人々に、出産への考え方に応じた指針を示す。

1333-1 持続可能な医療——超高齢化時代の科学・公共性・死生観【シリーズ ケアを考える】　広井良典

高齢化の進展にともない増加する医療費を、将来世代にこれ以上ツケ回しすべきではない。人口減少日本の最重要課題に挑むため、医療をひろく公共的に問いなおす。

1333-2 医療ケアを問いなおす——患者をトータルにみることの現象学【シリーズ ケアを考える】　榊原哲也

そもそも病いを患うとは、病いを患う人をケアするとはどういうことなのか。患者と向き合い寄り添うために、現象学という哲学の視点から医療ケアを問いなおす。

1333-3 社会保障入門【シリーズ ケアを考える】　伊藤周平

年金、医療、介護。複雑でわかりにくいのに、この先も不透明。そんな不安を解消すべく、ざっくりとその仕組みを教えます。さらには、労災・生活保障の解説あり。

1333-4 薬物依存症【シリーズ ケアを考える】　松本俊彦

さまざまな先入観をもって語られてきた「薬物依存症」。第一人者が、その誤解をとき、よりよい治療・回復支援方法を紹介。医療や社会のあるべき姿をも考察する一冊。

1333-6 長寿時代の医療・ケア——エンドオブライフの論理と倫理【シリーズ ケアを考える】　会田薫子

超高齢化社会におけるケアの役割とは？　介護現場を丹念に調査し、医者、家族、患者の苦悩をすくいあげ、人生の最終段階における医療のあり方を示す。